Learn Galician with Beginner Stories - Lendas e Mitos

HypLern Interlinear Project
www.hyplern.com

First edition: 2025, July

Author: Various
Translation: Kees van den End
Foreword: Camilo Andrés Bonilla Carvajal PhD

ISBN: 978-1-988830-73-5

kees@hyplern.com
www.hyplern.com

Learn Galician with Beginner Stories - Lendas e Mitos

Interlinear Galician to English

Author
Various

Translation
Kees van den End

HypLern Interlinear Project
www.hyplern.com

The HypLern Method

Learning a foreign language should not mean leafing through page after page in a bilingual dictionary until one's fingertips begin to hurt. Quite the contrary, through everyday language use, friendly reading, and direct exposure to the language we can get well on our way towards mastery of the vocabulary and grammar needed to read native texts. In this manner, learners can be successful in the foreign language without too much study of grammar paradigms or rules. Indeed, Seneca expresses in his sixth epistle that "Longum iter est per praecepta, breve et efficax per exempla[1]."

The HypLern series constitutes an effort to provide a highly effective tool for experiential foreign language learning. Those who are genuinely interested in utilizing original literary works to learn a foreign language do not have to use conventional graded texts or adapted versions for novice readers. The former only distort the actual essence of literary works, while the latter are highly reduced in vocabulary and relevant content. This collection aims to bring the lively experience of reading stories as directly told by their very authors to foreign language learners.

Most excited adult language learners will at some point seek their teachers' guidance on the process of learning to read in the foreign language rather than seeking out external opinions. However, both teachers and learners lack a general reading technique or strategy. Oftentimes, students undertake the reading task equipped with nothing more than a bilingual dictionary, a grammar book, and lots of courage. These efforts often end in frustration as the student builds mis-constructed nonsensical sentences after many hours spent on an aimless translation drill.

Consequently, we have decided to develop this series of interlinear translations intended to afford a comprehensive edition of unabridged texts. These texts are presented as they were originally written with no changes in word choice or order. As a result, we have a translated piece conveying the true meaning under every word from the original work. Our readers receive then two books in just one volume: the original version and its translation.

The reading task is no longer a laborious exercise of patiently decoding unclear and seemingly complex paragraphs. What's more, reading becomes an enjoyable and meaningful process of cultural, philosophical and linguistic learning. Independent learners can then acquire expressions and vocabulary while understanding pragmatic and socio-cultural dimensions of the target language by reading in it rather than reading about it.

Our proposal, however, does not claim to be a novelty. Interlinear translation is as old as the Spanish tongue, e.g. "glosses of [Saint] Emilianus", interlinear bibles in Old German, and of course James Hamilton's work in the 1800s. About the latter, we remind the readers, that as a revolutionary freethinker he promoted the publication of Greco-Roman classic works and further pieces in diverse languages. His effort, such as ours, sought to lighten the exhausting task of looking words up in large glossaries as an educational practice: "if there is any thing which fills reflecting men with melancholy and regret, it is the waste of mortal time, parental money, and puerile happiness, in the present method of pursuing Latin and Greek[2]".

Additionally, another influential figure in the same line of thought as Hamilton was John Locke. Locke was also the philosopher and translator of the Fabulae AEsopi in an interlinear plan. In 1600, he was already suggesting that interlinear texts, everyday communication, and use of the target language could be the most appropriate ways to achieve language learning:

> ...the true and genuine Way, and that which I would propose, not only as the easiest and best, wherein a Child might, without pains or Chiding, get a Language which others are wont to be whipt for at School six or seven Years together...[3]

---

1   "The journey is long through precepts, but brief and effective through examples". Seneca, Lucius Annaeus. (1961) Ad Lucilium Epistulae Morales, vol. I. London: W. Heinemann.

2   In: Hamilton, James (1829?) History, principles, practice and results of the Hamiltonian system, with answers to the Edinburgh and Westminster reviews; A lecture delivered at Liverpool; and instructions for the use of the books published on the system. Londres: W. Aylott and Co., 8, Pater Noster Row. p. 29.

3   In: Locke, John. (1693) Some thoughts concerning education. Londres: A. and J. Churchill. pp. 196-7.

Who can benefit from this edition?

We identify three kinds of readers, namely, those who take this work as a search tool, those who want to learn a language by reading authentic materials, and those attempting to read writers in their original language. The HypLern collection constitutes a very effective instrument for all of them.

1. For the first target audience, this edition represents a search tool to connect their mother tongue with that of the writer's. Therefore, they have the opportunity to read over an original literary work in an enriching and certain manner.
2. For the second group, reading every word or idiomatic expression in its actual context of use will yield a strong association between the form, the collocation, and the context. This will have a direct impact on long term learning of passive vocabulary, gradually building genuine reading ability in the original language. This book is an ideal companion not only to independent learners but also to those who take lessons with a teacher. At the same time, the continuous feeling of achievement produced during the process of reading original authors both stimulates and empowers the learner to study[1].
3. Finally, the third kind of reader will notice the same benefits as the previous ones. The proximity of a word and its translation in our interlinear texts is a step further from other collections, such as the Loeb Classical Library. Although their works might be considered the most famous in this genre, the presentation of texts on opposite pages hinders the immediate link between words and their semantic equivalence in our native tongue (or one we have a strong mastery of).

---

1 Some further ways of using the present work include:

1. As you progress through the stories, focus less on the lower line (the English translation). Instead, try to read through the upper line, staying in the foreign language as long as possible.
2. Even if you find glosses or explanatory footnotes about the mechanics of the language, you should make your own hypotheses on word formation and syntactical functions in a sentence. Feel confident about inferring your own language rules and test them progressively. You can also take notes concerning those idiomatic expressions or special language usage that calls your attention for later study.
3. As soon as you finish each text, check the reading in the original version (with no interlinear or parallel translation). This will fulfil the main goal of this

collection: bridging the gap between readers and original literary works, training them to read directly and independently.

Why interlinear?

Conventionally speaking, tiresome reading in tricky and exhausting circumstances has been the common definition of learning by texts. This collection offers a friendly reading format where the language is not a stumbling block anymore. Contrastively, our collection presents a language as a vehicle through which readers can attain and understand their authors' written ideas.

While learning to read, most people are urged to use the dictionary and distinguish words from multiple entries. We help readers skip this step by providing the proper translation based on the surrounding context. In so doing, readers have the chance to invest energy and time in understanding the text and learning vocabulary; they read quickly and easily like a skilled horseman cantering through a book.

Thereby we stress the fact that our proposal is not new at all. Others have tried the same before, coming up with evident and substantial outcomes. Certainly, we are not pioneers in designing interlinear texts. Nonetheless, we are nowadays the only, and doubtless, the best, in providing you with interlinear foreign language texts.

Handling instructions

Using this book is very easy. Each text should be read at least three times in order to explore the whole potential of the method. The first phase is devoted to comparing words in the foreign language to those in the mother tongue. This is to say, the upper line is contrasted to the lower line as the following example shows:

E,	polo	visto,	o	rei	concedeullo.
And	by the apparently	sight	the	king	conceded it

The second phase of reading focuses on capturing the meaning and sense of the original text. As readers gain practice with the method, they should be able to focus on the target language without getting distracted by the translation. New users of the method, however, may find it helpful to cover the translated lines with a piece of paper as illustrated in the image below. Subsequently, they try to understand the meaning of every word, phrase, and entire sentences in the target language itself, drawing on the translation only when necessary. In this phase, the reader should resist the temptation to look at the translation for every word. In doing so, they will find that they are able to understand a good portion of the text by reading directly in the target language, without the crutch of the translation. This is the skill we are looking to train: the ability to read and understand native materials and enjoy them as native speakers do, that being, directly in the original language.

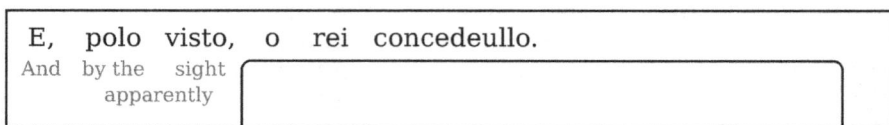

E, polo visto, o rei concedeullo.
And by the sight apparently

In the final phase, readers will be able to understand the meaning of the text when reading it without additional help. There may be some less common words and phrases which have not cemented themselves yet in the reader's brain, but the majority of the story should not pose any problems. If desired, the reader can use an SRS or some other memorization method to learning these straggling words.

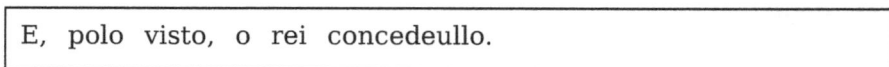

E, polo visto, o rei concedeullo.

Above all, readers will not have to look every word up in a dictionary to read a text in the foreign language. This otherwise wasted time will be spent concentrating on their principal interest. These new readers will tackle authentic texts while learning their vocabulary and expressions to use in further communicative (written or oral) situations. This book is just one work from an overall series with the same purpose. It really helps those who are afraid of having "poor vocabulary" to feel confident about reading directly in the language. To all of them and to all of you, welcome to the amazing experience of living a foreign language!

Additional tools

Check out shop.hyplern.com or contact us at info@hyplern.com for free mp3s (if available) and free empty (untranslated) versions of the eBooks that we have on offer.

For some of the older eBooks and paperbacks we have Windows, iOS and Android apps available that, next to the interlinear format, allow for a pop-up format, where hovering over a word or clicking on it gives you its meaning. The apps also have any mp3s, if available, and integrated vocabulary practice.

Visit the site hyplern.com for the same functionality online. This is where we will be working non-stop to make all our material available in multiple formats, including audio where available, and vocabulary practice.

Table of Contents

Xaquín das Herbas

Xaquín das Herbas
Xaquín of the Herbs
(Joaquín)

O home chamado Xaquín ou Xoquín das Herbas
The man called Xaquín or Xoquín of the Herbs

viviu entre o arboredo da fraga das
lived between the woodland of the mountain forest of the

Pontes de García Rodríguez (A Coruña) entre os
Bridges of García Rodríguez (A Corunya) between the
(a municipality in A Corunya)

anos 1936 e o inverno de 1958, que foi cando
years 1936 and the winter of 1958 which was when

morreu.
(he) died

Ninguén sabe de onde viña (uns dicían que
No one knows from where (he) came some said -that-

de Pontevedra, outros que de Lugo) nin o
from Pontevedra others (said) -that- from Lugo nor the

motivo certo polo que chegou ás Pontes.
motive true for -the- which (he) came to As Pontes

Existe a opinión de que era anarquista,
(There) exists the opinion -of- that (he) was (an) anarchist

canteiro de profesión (deixou algunha obra onde
stonemason of profession (he) left some work(s) where

amosa a súa mestría neste oficio), e que
shows -the- his mastery in this trade and that

debeu chegar alí escapando da represión
(he) must have arrive(d) there escaping from the repression

franquista.
Francoist

Din que era tímido e que non falaba
(They) say that (he) was timid and that not (he) spoke

pero que lía moito. Nunca pediu para
but that (he) read a lot never (he) asked in order to
(begged)

comer. Mantíñase do que recollía
eat (he) maintained himself of this what (he) collected
he lived off

polo monte: froitas, follas, raíces, insectos...,
around the mountain fruits leaves roots insects

só ao final da vida, vello e débil, aceptaba
only at the end of his life old and weak (did he) accept

o pan que lle daban. Parece que
the bread that to him they gave it seems that

botou algunha man nos labores agrícolas, e
(he) threw some hand in the works agricultural and
he helped out

que entendía de apócemas e herbas
that (he) understood of concoctions and herbs
he knew a thing or two about

curadoras.
curative
(medicinal)

Confeccionaba a súa vestimenta como podía,
(He) fabricated -the- his clothing as (he) could

parece que de preferencia roupa militar atada con
(it) seems that of preference dress military tied with

cordas ou feita con peles, e sempre
cords or made with skins and always

levaba postas unhas polainas.
carried posted some leggings
   wore

A súa morada principal nos últimos anos de
-The- his dwelling primary in the last years of

vida foi o carballo centenario que aínda existe
life was the oak centenary that still exists

nas proximidades da ponte romana, a carón
in the proximities of the bridge roman at (the) side

do río Eume. Esta árbore, que foi ferida por
of the river Eume That tree that was damaged by

un raio, é hoxe un símbolo do existir
a ray is today a symbol of the existence
   (lightning flash)

deste personaxe singular. Aínda que nos
of that person singular Although that in the

primeiros tempos non falaba con ninguén, co
primary times not (he) talked with no one with the

tempo a xente colleulle cariño e el deixouse
time the people of him took care and he let himself

querer. Cando morreu organizouse unha colecta
love When (he) died was organised a collection
(be loved)

para atender aos gastos e case todo o mundo
for to attend to the costs and almost all the world

colaborou; todos, agás o cura, que cobrou a
collaborated all except the priest that covered the

misa do funeral.
mass to the funeral

Xaquín das Herbas forma parte da memoria e
Xaquin of the herbs formed part of the memory and

do imaxinario das Pontes. Protagoniza coplas,
of the imagination of the Bridges Stars in verses

cancións e cadros co seu retrato, e mesmo é
songs and paintings with his portrait and even is

de referencia para as rutas turísticas. O
of reference for the routes tourist The

concello púxolle o seu nome a unha das rúas
municipality put him -the- his name at one of the roads

da **vila.** **O** **grupo** **"Estimaba** **que** **viñeras"**
of the village The group (I) thought that (you) were coming

dedicoulle **unha** **canción.**
dedicated him a song

O zapateiro de Cangas

O   zapateiro de Cangas
The   shoemaker of   Cangas

Di a lenda que a noite de San Xoán tódolos
Says the legend that the night of San Xoan all the
Legend has it

   bruxos   e   bruxas   do   Morrazo
(male) witches   and   witches of -the-   Morrazo

   debíanse   achegar á praia de Areas Gordas
should themselves arrive at the place of Areas Gordas

de Tirán, onde tiñan unha xuntanza coa
of Tiran where (they) have a meeting with the

xerarquía capital dos adicados á ciencia dos
hierarchy main of those dedicated to the science of the

aquelarres: o Demo.
  that-ers the Devil
(you-know-what)

Ás doce da noite púñanse en camiño,
At the twelve of the night (they) set themselves in road
they set off the road

cada quen empregando os medios de locomoción
each whom using the manner of movement
(one)

característicos da clase meiga: a vasoira.
characteristic of the class witch the broom

Había por aqueles tempos unha bruxa en Cangas
Had for those times a witch in Cangas
There was by

moi sonada, que tiña un amigo zapateiro, tamén
very slept who had a friend shoemaker also
keen

en Cangas, e nas vésperas da noite das
in Cangas and on the eve of the night of the

fogueiras comezou a porfiarlle á nosa bruxa
bonfires (he) started to insist to her to -the- our witch

que, por forza, tiña que ir tamén el, para
that by force had that to go also he for
he really needed to

ser testemuña da cerimonia que alí tería
to be witness of the ceremony that there would have

de ser realizada.
of · to be · realized

Ela deulle para atrás na teima del de querer
She · gave him / scolded · to · back · on the · mania · of it · of · to want

acompañala, mais o zapateiro non afrouxaba
to accompany her · but · the · shoemaker · not · slackened

nas súas intencións. E como a teima
in the · his · intentions · And · as · the · mania

pode máis que as razóns, ao fin a bruxa non
can more / has more power · than · the · reasons · at the end · the · witch · not

tivo outro remedio que levalo, non sen antes
had · other · remedy · than · to bring him · not · without · before

adoutrinalo sobre a conduta que había de
(she) indoctrinates him · about · the · conduct · that · (he) had · -of-

mostrar diante de tales representantes da
to show · before · -of- · such · representatives · of the

bruxería galaica, concretamente da do
witchery · Galician · concretely especially · of that · of the

Morrazo.
Morrazo

Chegaron ao lugar prefixado pasada
(They) arrived   at the   place   prefixed   passed
  predetermined

a media noite. Alí xa se encontraban
the middle night   There already themselves encountered
  twelve o' clock   were located

a maioría dos que ían compoñer a xuntanza:
the majority of those that went to compose the gathering

meigas e bruxas.
mages and witches

Puxéronse en ringleira, segundo a xerarquía,
(They) set themselves in rank according to hierarchy
   They lined up

dispostas a recibir ao Príncipe das tebras:
disposed to receive -to- the Prince of -the- Darkness

Belcebú.
Beelzebub

Este non se fixo esperar. Apareceuse
This (one) not himself did wait (for) (He) appeared -himself-

en forma de carneiro negro, ficando baixo a
in form of (a) ram black staying below the

copa e ao pé dun carballo vello. Os
tree top and at the feet of an oak tree old Those
the tree cover

da cabeza da ringleira foron os primeiros en
of the head of the row were the first -in-

saudalo. A fórmula litúrxica consistía en
to greet him The formula liturgical consisted in

levantarlle o rabo ao carneiro, ao tempo que
lifting to him the tail to the ram at the time that

dicían, bicándoo no cu:
(they) said kissing him on the ass

"Creador do noso benfeitor."
Creator of -the- our benefactor

Cando lle chegou a quenda á bruxa de
When to her arrived the turn to the witch of

Cangas (o zapateiro non saía da beira dela,
Cangas the shoemaker not went out of the side of her

apegándoselle   á   saia),   bicou   ao
latching himself to her   to the   skirt   (she) kissed   -to- the

carneiro   do   modo   sinalado.   O   zapateiro   tamén
ram   of the   manner   signaled   The   shoemaker   also
    mentioned

lle   levantou   o   rabo   pero,   namentres   o   facía,
to him   lifted   the   tail   but   instead   the   face

sacou   a   subela   que   levaba   escondida   e
took out   the   awl   that   (he) carried   hidden   and

cravoulla   no   sitio   que   xa   sabedes.   Virouse
stuck it   in the   place   that   already   (you) know   Turned himself

entón   o   carneiro   e   dixo:
then   the   ram   and   said

"Quen   foi   o   que   bicou   agora?"
Who   was   it   that   kissed   now

A   nosa   bruxa   sospeitou   que   o   zapateiro   tiña
The   our   witch   suspected   that   the   shoemaker   had

feita   algunha   falcatruada   das   del,   e   toda
done   some   falsehood   of those   of him   and   all
    trick

nerviosa respondeu:
nervous   answered

"Foi   o zapateiro de Cangas."
(It) was the shoemaker of   Cangas

"Pois dille que se afeite, que ten ás
Then tell him that himself (he) shaves that (he) has -to- the
                                           because

barbas coma agullas," dixo o carneiro.
beards   as   needles   said the   ram

A casiña do Rei

A casiña do Rei
The little house of the King

Agora só é unha pedra cos rebaixes onde
Now only (there) is a stone with the bases where

supostamente apoiaban as trabes, situada no
supposedly (they) supported the beams located in the

monte comunal de Parada, en Lobeira (Ourense),
mount communal of Parada in Lobeira Ourense

pero antes foi unha casa, "a Casiña do
but before (there) was a house the Little house of the

Rei", e hai quen supón que realmente alí
King and has who suppose that really there
there are those who

estivo agachado, fuxindo de intrigas palacianas,
(he) was hidden fleeing from intrigues of the palace

o rei de León e Galicia Afonso IX polo ano
the king of Leon and Galicia Alphonse 9 by the year

1188, que en agradecemento concedeu a Lobeira
1188 that in thanks (he) conceded to Lobeira

o foro municipal con data no 1228.
the forum municipal with (the) date in -the- 1228
(at)

Cando era casa vivía nela un labrego moi
When (it) was (a) house (there) lived in her a farmer very

rico. Disque tiña trece becerros pacendo na
rich (It is) said (he) had thirteen calves grazing on the

Cabreira, terras que lle daban pan para todo o
Cabreira grounds that him gave bread for all the

ano e tantas ovellas que aínda non saíran as
year and so many sheep that still not left the

últimas da corte e xa estaban as
last ones from the courtyard and already were the

primeiras en Salgueiro.
first in Salgueiro

Este labrego rico tiña unha filla moi bonita e
This farmer rich had a daughter very beautiful and

unha vez presentáronse na porta da casa un
one time presented themselves at the door of the house a

fato de militares pedindo pousada. O labrego
group of military men asking (a) rest The farmer
to stay

recibiunos e fíxolles acomodo pero
received them and arranged for them accomodation but

agachou a filla onde non a visen por
(he) hid the daughter where not her (they) saw for

medo a que se enredasen con ela.
fear at that themselves (they) entangled with her
would mess

Pasaron días ata que un daqueles homes lle
(There) passed days until that one of those men to him

revelou ao labrego que entre eles estaba o
revealed to the farmer that between them was the

rei. O home dixo que se aledaba pero ao
king The man said that himself (he) rejoiced but at the

mesmo tempo tomouno un desasosego; os
same time took him a discomfort the

visitantes non marchaban:
visitors not walked off

"Que tes?" preguntoulle o rei. "Que é o que
What have (you) asked him the king What is it that

tanto te desacouga?"
so much you makes upset

Entón, o labrego, confesoulle como tiña a
Then the farmer confessed to him that (he) had a

filla escondida por medo a que correse
daughter hidden for fear at that (she) ran
she would be in

algún perigo. Inmediatamente o rei chamou a
some danger Immediately the king called to

todos os seus homes e fíxolles esta
all -the- his men and made them this

advertencia:
warning

"Este home ten un filla e por medo a
This man has a daughter and for fear to

vosoutros tena escondida. A partir de hoxe vai
you has hidden At leaving of today (she) goes
Starting from

saír dos seu escondedoiro pero se algún
to exit from -the- her hiding place but if anyone

se atreve a facerlle dano ou sequera a mirar
himself dares to do her harm or even to look

para ela, mándoo matar."
at her (I) order him to kill
to be killed

E así vos foi. Pasaron moitos máis días
And so (for) you (it) went (There) passed many more days

en tranquilidade ata que chegou o da
in tranquility until that arrived it of the
the day

despedida e díxolle o rei ao labrego:
leave and said to him the king to the farmer

"Estivemos moito tempo na túa casa e
(We) were much time in -the- your house and

fuches   moi   bo   connosco.   Dime   o   que   queres,
(you) were   very   good   with us   Tell me   it   that   (you) want
                                 to us

que   cho   concedo."
that   to you   I (will) grant

"Eu   non   quero   nada,"   respondeu   o   labrego.
I   not   wish   nothing   answered   the   farmer

"Cando deus dá,   dá   para todos."
When   god   gives   (he) gives   to   all

Pero   o   rei   insistiu   ata   que   o   labrego   se
But   the   king   insisted   until   that   the   farmer   himself

decidiu a pedir.   E   dixo:
decided   to   ask   And   (he) said

"Pois   entón   pídolle   que   Lobeira   non   dea
Well   then   (I) ask to You   that   Lobeira   not   gives

soldados   ao   rei   e   que   non   pague   a
soldiers   to the   king   and   that   not   pays   the

contribución."
  contribution
tax

E,   polo visto, o   rei concedeullo.
And by the   sight   the king   conceded it
          apparently

Un anarquista en Viladicente

Un anarquista en Viladicente
An · anarchist · in · Viladicente

Andabamos a deambular polo cemiterio que se
(We) go · to · walk · by the · cemetery · that · itself

desenvolve ao redor do templo de Viladicente,
unfolds / stretches out · at the · environs · of the · temple · of · Viladicente

concello de As Nogais (Lugo), cando ao pouco
municipality · of · As · Nogais · (Lugo) · when · at -the- little / shortly afterwards

acercóusenos un veciño, o señor Ramón, que
approached us · a · neighbor · -the- · Mr. · Ramón · that (who)

axiña se prestou a actuar como cicerone. Non
soon · himself · lent · to · act · as · (a) guide · Not

sabemos a conto de que, pero do primeiro que
(we) knew · the · story · of · that · but · of the · first · that

nos	falou	foi	da	Guerra	Civil	e	da
us	(he) spoke	was	of the	War	Civil	and	of the

Posguerra,	dos	que	recibiran	represalias
Postwar (period)	of -the-	that	(they) received	reprisals

polo	fascismo	que	houbo	na	parroquia.	Para
by the	facism	that	had / there was	in the	parish	To

ilustrar	as	súas	explicacións	mostrounos	unha
illustrate	-the-	his	explanations	(he) showed us	a

lápida	de	mármore	gravada	co	nome	de
stone	of	marble	engraved	with the	name	of

Gonzalo	Becerra	Souto,	morto	o	día	12	de
Gonzalo	Becerra	Souto	dead	the	-day- 12th		of

febreiro	de	1976,	aos	66	anos.
February	of	1976	at -the-	66	years

Reparamos	no	epitafio:	"Escondido	en	casa	de
(We) discerned	on the	epitaph	Hidden	in	house	of

Chao	desde	agosto	de	1936	ata	o	día	da	súa
Chao	from	August	of	1936	until	the	day	of -the-	his

morte.   Perseguido   polas   súas   ideas   políticas".
death   Persecuted   for -the-   his   ideas   political

Transcorría   o   mes   de   agosto   de   1936   cando   a
Happened   the   month   of   August   of   1936   when   the

nai   de   Gonzalo,   que   estaba   a   segar   nunha   finca,
mother   of   Gonzalo   who   was   to   mow   on a   farm

viu   a   uns   militares   e   falanxistas   entrando   en
saw   -to-   some   soldiers   and   phalangistas   entering   in
                                    {fascist militia}

Viladicente   para   recrutar   mozos   para   a   fronte.
Viladicente   to   recrute   boys   for   the   front

Sen   pensalo   dúas   veces,   díxolle   ao   seu   fillo
Without   to think it   two   times   told to him   to -the-   her   son

pequeno,   Ovidio,   que   estaba   con   ela,   que   avisara
small   Ovidio   that   was   with   her   that   (he) warn

aos   seus   irmáns,   Gonzalo   e   Manuel   Antonio.
-to the-   his   brothers   Gonzalo   and   Manuel   Antonio.

Polos   pelos,   conseguiron   fuxir.   Pero,   en   vez   de
By the   hairs   (they) managed   to flee   But   in   time   of
                                                (place)

marchar lonxe da aldea, decidiron volver para
to walk off | far away | of the | village | (they) decided | to return | to

a casa. Os dous irmáns fixeron unha pequena
the | house | The | two | brothers | made | a | little

cova nun sitio onde se almacenaba a palla e
cave | in a | place | where | itself | (was) stored | the | straw | and

no que había que entrar de costas para poder
in the | that | had | to | enter | of | sides | to | be able

saír de cara.
to get out | of | face
(front)

A mediados dos anos 50 Ovidio emigrou para
At | (the) middle | of the | years 50 | Ovidio | emigrated | to
fifties

Madrid onde fundou unha empresa de
Madrid | where | (he) founded | a | company | of

transportes. Ao pouco tempo presentouse alí
transport | At the | little | time | presented himself | there
After

Manuel Antonio quen, cunha partida de
Manuel | Antonio | who | with a | certificate | of

nacemento falsa, comezou vendendo
birth false starting selling

aparatos de radio. Pero Gonzalo non quixo
machines of radio But Gonzalo not wished
radio equipment

abandonar a aldea. Durante anos conseguiu
to leave the village During years (he) managed
For

esquivar as redadas periódicas que a garda civil
to avoid the raids periodical that the gardia civil
police

facía en Viladicente para apreixalo. O seu pai
made in Viladicente to catch him -The- his father

pagou con cárcere o silencio. A pesares do
paid with jail (for) the silence At weights of the
Despite

indulto decretado anos despois por Franco para as
pardon decreed years after by Franco for the

persoas que non tiñan as mans "manchadas de
persons that not had the hands stained of

sangue", Gonzalo, que antes da guerra fora
blood Gonzalo that before of the war was

canteiro en Francia e militante da CNT tras
stonemason in France and militant of the CNT after

a súa experiencia baixando carbón de Fabero
-the- his experience lowering coal from Fabero

a Ponferrada, en plena revolución de Asturias
to Ponferrada in full revolution of Asturia

no 1934, non quixo saber nada da
in -the- 1934 not (he) wanted to know nothing of the

piedade do ditador. Todo o mundo en
mercy of the dictator All the world in

Viladicente sabía que na aldea había un fuxido
Viladicente knew that in the village had a fugitive
                                    there was

que só saía de noite, mais, a pesar das
that only went out of night but at weight of the
              in the

presións e ameazas a que foron sometidos,
pressures and threats at that (they) were subjected

ninguén o denunciou.
nobody him denounced
        betrayed

Mícolas

Mícolas
Micolas

Este conto trata dunha parella de mozos
This   tale   deals   of a   couple   of   teenagers
(relates)

namorados que vivían nunha aldea preto de Friol
in love   that   lived   in a   village   near   -of-   Friol

na provincia de Lugo.
in the   province   of   Lugo

A rapaza era filla dun fidalgo con grandes
The   girl   was   daughter   of a   nobleman   with   great

propiedades que non vía ben os amores da súa
properties   that   not   saw   well   the   loves   of -the-   his
liked much

filla porque o mozo non tiña capital algún nin
daughter   because   the   lad   not   had   wealth   any   nor

tampouco moita disposición para traballar.
either   much   disposition   for   work

Estando así as cousas, os rapaces acordaron un
Being   thus   the   things   the   youths   agreed   a
That being the case

contrasinal para se ver ás agachadas do
counter-sign   for   themselves   see   at the   hiding   of the
(password)   hidden from

pai dela. Deste xeito, cando o mozo chegara
father   of her   From this   way   when   the   lad   arrived
                  (In this)

á casa da rapaza, por diante da que tiña
at the   house   of the   girl   for   in front   of it   that   (he) had
                                  in front of which

que pasar todos os días ao estar no camiño
that   to pass   all   the   days   at the   being   on the   road

da fonte, el berraríalle "Mícolas" e se non
of the   fountain   he   shouted to her   Micolas   and   if   not

houbera perigo para o encontro ela dende a
had   danger   for   the   encounter   she   from   the
(was)

fiestra contestaríalle "Mácolas", e así
window   would answer to him   Macolas   and   like this

poderíanse **ver** **sen** **medo** **de** **ser**
should (they) be able each other / to see / without / fear / of / to be

descubertos.
discovered

O **acordo** **funcionou** **e** **grazas** **a** **el** **os** **mozos**
The / agreement / functioned / and / thanks / to / it / the / teenagers

tiveron **moitos** **encontros** **e** **gozaron** **do** **seu**
had / many / encounters / and / enjoyed / of -the- / their

amor **ata** **que** **un** **día,** **quizais** **por** **exceso** **de**
love / until / -that- / one / day / maybe / for / excess / of

confianza, **a** **moza** **respondeu** **co** **seu**
trust / the / lass / answered / with -the- / her

"Mácolas" **sen** **se** **decatar** **de** **que** **o** **pai** **que**
Macolas / without / herself / to realize / of / that / the / father / that

saíra **había** **un** **anaco** **a** **un** **dos** **prados** **segar** **un**
left / had / a / while / to / one / of the / meadows / to cut / a

pouco **de** **herba** **tivera** **que** **volver** **á** **casa** **a**
bit / of / grass / had / that / return / to the / house / to
(to)

pola	pedra	de	afiar	a	gadaña	que	se	lle
by the	stone	-of-	sharpen	the	scythe	that	himself	him

esquecera.
forgot

Este	esquecemento	permitiulle	ser	testemuña	do
This	forgetfulness	allowed him	to be	witness	of the

encontro	dos	namorados,	polo	que	sen
encounter	of the	lovers	by it	that	without

descubrir	que	os	vira,	chamou	a	súa	filla
to discover	that	them	(he) saw	called	-the-	his	daughter

e	mandouna	a	lavar	a	roupa	ao	lavadoiro,
and	ordered her	to	clean	the	clothes	at the	washing place

e	logo	foi	tras	do	rapaz,	a	quen,
and	after	went	behind	of the	boy	to	whom

valéndose	da	súa	moi	superior	forza,
making use himself	of -the-	his	much	superior	force

levou	ata	a	corte	das	vacas	e	alí	atouno
carried	to	the	court	of the	cows	and	there	bound

cunha corda e espiu de cintura para baixo
with a cord and undressed from (the) belt on down

á vez que ceibaba dous becerros novos
at the time that (he) released two calves new

acabados de nacer, que aínda non coñecían ben
just finished of to be born that still not knew well

a súa nai.
to their mother

Despois de pasadas dúas horas, deixouno en
After of (having) passed two hours (he) let him in

liberdade e díxolle que non o quería volver
freedom and said to him that not him wanted to return
(again)

ver coa súa filla; e que se desobedecía,
to see with -the- his daughter and that if (he) disobeyed

a cousa iría a maiores.
the thing would go to (the) elders

O mozo seguía a pasar todos os días por
The boy continued to pass all the days for

diante da casa da que fora o seu amor e
in front / of the / house / of the / that / was / -the- / his / love / and

aceleraba o paso ao chegar a ela, aínda que
accelerated / the / step / at -the- / arriving / at / her / even / that (though)

dende a fiestra escoitara repetir con desespero:
from / the / window / (he) heard / repeat / with / desperation

—Mácolas, Mácolas, Mácolas!
Macolas / Macolas / Macolas

E así un día e outro, ata que unha vez, xa
And / so / one / day / and / other / until / that / one / time / already

cheo de carraxe ante a insistencia dela en
full / of / annoyance / before / the / insistence / of her / in

darlle o contrasinal, berroulle todo
to give him / the / counter-signal (password) / (he) shouted to her / all

alporizado:
irritated

—Nin son Mícolas nin son Mácolas!
Nor / (there) are / Micolas / nor / are (there) / Macolas

Dille ao teu pai que se quere manter
Tell to him to -the- your father that if (he) wants to feed

os becerros que merque vacas!
the calves that (he) buys cows

Os animais amigos

————

Os animais amigos
The animals friends
(animal-)

Unha vez tamén era un can ao que
One time also (there) was a dog at the that
who

querían matar para o outro día. E
(they) wanted to kill at the next day And

púxose a comer unha ovella. Chegou por alí
(he) set himself to eat a sheep Arrived by there

un burro e díxolle:
a donkey and said him

"E ti que estás facendo, ho?"
And you what are (you) doing eh

E dixo:
And (he) said

"Estoume enchendo ben, que mañá
(I) am myself   filling up   well   that   tomorrow
                                    (because)

quérenme matar; así, polo menos, vou ben
(they) want me to kill   like this by the   least (I) go well
  they want to kill me

farto."
  sated

E dixo:
And (he) said

"Vente comigo, que tamén a min me pasa
Come you   with me   that   also   to myself me happened
{imperative}   (since)

iso, e marchamos."
this and   (we) go
      (let's go)

Máis adiante atoparon un gato. O gato
More   ahead   (they) encountered a cat   The cat
(Further)

estaba no chan cun queixo, e díxolle:
  was   on the ground with a   cheese and said to him

"Que estás facendo, ho?"
What are (you)   doing   eh

E   dixo:
And (he) said

"Quérenme matar   mañá   e   estoume   enchendo
(They) want me to kill tomorrow and (I) am myself   filling up
    They want to kill me

ben."
  well

"Vente   con nós."
Come you   with   us
({imperative}

Máis adiante   había   un   galo   nunha   aira, estaba
More   ahead   had   a   rooster   in a   stream (he) was
                          (there was)

comendo ben   graos   e   díxolle:
  eating   good   grains   and   said him
                  {arch. of grans}

"E logo, que   estás   facendo?"
And   after   what   are (you)   doing

Pois o mesmo que os outros:
Then the   same   that the   others
                  (as)

"Tamén me   queren   matar."
  Also   me   (they) want   to kill

E, claro, marcharon. E andaron, claro,
And clearly (they) went off And (they) walked clearly
(of course)

ían fuxindo do inimigo. Andaron quen
(they) went fleeing from the enemy (They) walked who

sabe o que.
knows about what

E foilles noite; e dixéronlle ó gato:
And was them night and (they) said him to the cat
(it became for them)

"Súbete aí a un carballo, a ver se ves
Climb you here at an oak tree to see if (you) see
(in)

algunha luz por algún sitio."
some light for some site
(in) (place)

E subiu ó carballo e dixo:
And (he) climbed at the oak tree and said
(in the)

"Vexo unha luciña pero está moi lonxe, moi
(I) see a little light but (it) is very far away very

lonxe."
far away

E   logo:
And then

"E con que dirección?"
And with what   direction
     (in)

"Pois, pra alí."
Then   by   there
(Well) {para}

E colleron todos para alí. E chegaron alí   e
And   rushed   all   to   there And (they) arrived there and

miraron pola fumeira, así, por arriba.
looked   at the   smoke   like that by   up
                                    above

E había   unha   cociña de   arrastro;
And   had   a   kitchen of   drag
   (there was)   {terreira; ground (level)}

  eran   os ladróns que estaban comendo. Tiñan
(they) were the thieves that were   eating   (They) had

unha mesada de comida e moitos cuartos. E
 a   table   of   food   and many   rooms   And

dixeron:
(they) said
(the animals said)

"E como habemos facer! Ben, pois, o burro a
And how have (we) to do Good then the donkey to

ornear, o galo a cantar, o can a ladrar e o
bray the rooster to sing the dog to bark and the

gato a miar!"
cat to mew

E empezaron con aquela faena. E os ladróns:
And (they) started with that job And the thieves

"Ai, que aí vén a tropa! Ai, que aí vén a
Ai -that- here comes the troop Ai -that- here comes the

tropa!"
troop

E marcharon. Pero desde que chegaron aló
And (they) went off But from that (they) arrived from there

lonxe, dixeron:
far (they) said

"E, que sería aquilo, ho? Que sería aquilo?"
And what would be that eh What would be that

Mandáronlle   a   un   volver   para   mirar.   I
(They) send to him   to   one   to return   to   look   And

eles,   desde   que   cenaran   e   se
they   since   that   (they) had dinner   and   themselves
(the animals)

puñeran ben fartos, dixeron:
put   well   sated   (they) said
{poñeran}

"Ben,   pois   agora   o   burro   á   cuadra,   o   can
Well   then   now   the   donkey   at the   square   the   dog

á   porta,   o   gato   ó   son   do   lume   e   o
at the   door   the   cat   at the   sound   of the   fire   and   the
                                         (stone)

galo   ó   poleiro."
rooster   at the   chicken coop

E   mandáronlle   a   aquel   volver   mirar.   E   foi,
And   send him   to   that one   to return   to look   And   (he) went
    (the thieves send)

e   pasou   pola   cuadra   e   o   burro   meteulle   dúas
and   passed   by the   square   and   the   donkey   put to him   two

patadas;   despois   pasou   pola   porta   e   o   can
kicks   after   passed (he)   by the   door   and   the   dog

mordeuno **nunha** **cacha,** **e** **despois** **ía** **mirar**
bit him in a butt cheek and after (he) went to look

a **ver** **se** **había** **lume.** **Brillaban** **os** **ollos** **do**
to see if had light Burned the eyes of the
(there was)

gato, **como** **aluman** **de** **noite,** **e** **o** **gato**
cat like (they) alight of night and the cat

tiróuselle **á** **cara;** **desfíxolla** **toda.** **E** **o**
pulled herself him at the face undoing it all And the

galo **cantaba.**
rooster sang

Cando **o** **ladrón** **chegou** **xunta** **os** **outros,**
When the thief arrived together at the others

preguntáronlle:
(they) asked him

"Que había alí, home? Que había alí?"
What had there man What had there
(was) (was)

"E **que** **ía** **haber,** **home!** **Que** **ía** **haber!**
And what (i) went to have man What (i) went to have

Pasei   pola   cuadra do burro, me meteron
(I) passed through the square of the donkey me (they) put

dous   lapotazos;   pasei   pola   porta, me
two   kicks   (I) passed through the door me

quitaron unha cacha; ía mirar a ver se
(they) took off a butt cheek (I) went to look to see if

había lume, me desfixeron a cara! E aínda
had fire me (they) undid the face And still
(there was) (they mutilated)

dicía o outro (o galo facía cacaracá), aínda dicía
said the other the rooster did cucurucu still said

o outro: Tráemo para acá, tráemo para acá!
the other Bring him to here bring him to here

Aquel, se me pillara, matábame!
That one if me (it) caught killed me
(would have killed me)

A pega e o raposo

A   pega   e   o   raposo
The   magpie and the   fox

Hai moitos anos   nunha   carballeira   moi   preto   de
Has   many   years   in an   oak grove   very   close   of
   Many years ago   (to)

aquí   houbo   unha   pega   que   fixo   o   niño   nun
here   had   a   magpie that made   a   nest   in an
      (there was)

carballo bastante   torto   e   moi alto.
oak tree   quite   crooked and very tall

Despois   de   choca-los   ovos,   nacéronlle
After   of   hatching them   eggs   (they) were born of him

cinco peguiños. A   pega   estaba moi contenta   e
five   small ones The   magpie   was   very satisfied   and

orgullosa   da   súa   niñada.   Buscaba   comida
proud   of -the-   his   brood   (He) searched for   food

para as súas crías non moi lonxe do niño,
for -the- his offspring not very far from the nest

para así te-lo controlado e que ninguén
to like that keep it controlled and that no one
(under check)

se aproximara a molestar ós seus fillos.
himself approached to molest -to the- his children

Certo día que estaba dando de comer ás
(A) certain day that (he) was giving of to eat to -the-

súas crías apareceu un astuto e famento
his children appeared a sly and hungry

raposo. Ó pasar por debaixo do carballo
fox At the passing by under of (the) oak

sentiu un pouco de barullo e mirou para
(he) sensed a bit of noise and looked to

arriba.
up

"Mira onde teño comida," dixo para el. "Pero
Look where (I) have food (he) said to him(self) But

o carballo é bastante alto, como podo facer para
the oak is rather high how can (I) do to
(what)

mata-la fame? Xa sei!"
kill it (the) hunger Already (I) know

"Pega, peguiña! Eh, pega! Non me dás un
Magpie little magpie Hey magpie Not me (you will) give a

pego?"
magpie (son)

"Non darei non, que meus fillos son," dixo
Not (I) will give no that my sons (they) are said
(because)

a pega, toda chea de razón.
the magpie all full of reason

"Enróscate aí meu rabo e tronza este
(I will) coil you there my tail and cut down this

carballo!" dixo o raposo ameazando con corta-lo
oak tree said the fox threatening with cut it

carballo.
(the) tree

Diante de tal ameaza, a pega púxose a
Before of such (a) threat the magpie set himself to

cavilar: "se non lle dou un fillo é capaz de
ponder if not him (he) gave a son is capable of

tronza-lo carballo e... así vai comer a tódolos
cut it (the) tree and so goes to eat to all the

meus fillos." Así que chea de medo e dor
my sons So that full of fear and pain

botoulle un pego abaixo. O raposo coa
threw him a magpie (child) down The fox with the

fame que tiña a penas o remoeu, case que o
hunger that (he) had at pains it chewed almost that it
hardly

tragou enteiro e coas plumas. Mentres a
swallowed whole and with the feathers While the

pega quedou chorando a súa perda, o raposo
magpie remained crying to her loss the fox

foise todo contento e coa barriga chea.
was all satisfied and with the belly full

Para o día seguinte, case que á mesma hora
To the day following almost that at the same hour

o raposo achegouse á carballeira para volver
the fox arrived himself to the oak grove for to return

a comer.
to eat

"Pega, peguiña! Eh, pega! Non me dás un
Magpie little magpie Hey magpie Not me (you will) give a

pego?"
magpie (son)

"Non darei non, que meus fillos son."
Not (I) will give no that my sons (they) are
(because)

"Enróscate aí meu rabo e tronza este
(I will) coil you there my tail and cut down this

carballo!"
oak tree

Chea de medo a pega botoulle outro pego.
Full of fear the magpie threw him (an)other magpie (son)

O raposo que hoxe non traía tanta fame
The fox that today not brought so much hunger

doulle tempo a saborear aquel exquisito bocado
gave it time to savor that exquisite bite

e foise todo contento pensando que ó día
and was all happy thinking that at the day

seguinte xa sabía a onde tiña que acudir
next already (he) knew to where (he) had to go

para calma-la súa fame.
to calm it his hunger

E así fixo. Chegada a hora de comer o
And so (he) did Arrived the hour of to eat the

raposo foi cara a carballeira. Chegou ó pé
fox went face to (the) oak grove (He) arrived at the foot

do carballo e...
of the oak tree and

"Pega, peguiña! Eh, pega! Non me dás un
Magpie little magpie Hey magpie Not me (you will) give a

pego?"
magpie (son)

"Non   darei   non,   que   meus fillos son."
Not   (I) will give   no   because   my   sons (they) are

"Enróscate   aí   meu   rabo   e   tronza   este
(I will) coil you   there   my   tail   and   cut down   this

carballo!"
oak tree

A   pega   toda   atemorizada   botoulle   outro
The   magpie   all   frightened   threw him   (an)other

peguiño.   Así   ata   que   certo   día,   cando   xa
little one   Like that   until   that   certain   day   when   already

só   lle   quedaban   dous   filliños,   veu   a   conversa
only   her   remained   two   little sons   saw   the   conversation

entre   o   raposo   e   a   pega   un   carrizo   que
between   the   fox   and   the   magpie   a   wren   that

pasaba   por   alí.
passed   by   there

"Oe, non é por nada, pero coido que estás
Oh not (it) is for nothing but (I) think that (you) are

facendo mal."
doing bad

"Como que estou facendo mal? Se non lle boto
How that (I) am doing bad If not him (I) throw

un fillo corta o carballo e vai comer todos."
a son (he) cuts the oak tree and goes to eat all

dixo a pega toda apesarada.
said the magpie all weighted
(downcast)

"Que va, muller! O que lle tes que dicir e que
That goes woman It that him has to tell is that

sen serras nin machado non se tronzan os
without saws nor axe not itself (they) cut down the

carballos. Xa verás como non é capaz
oak trees Already (you) will see how not (he) is capable

de facelo."
of to do it

"Ti   cres?   Non me enganarás?"
You believe (so) Not   me   (you) are tricking

"Non muller, como te vou a enganar? Que gaño
No   woman   how   you (I) go to   trick   What   gain

eu   con enganarte?"
(for) me   with   to trick you

"Ben, pois así farei. Agardo non   me   arrepentir."
Well   then   so (I) will do (I) hope   not   myself   to regret (it)

Ó   outro día, a iso   da hora de comer o
At the   other   day   at this of the hour   of   to eat   the

raposo acudiu   á   cita   todo confiado con
fox   arrived   at the   meeting   all   confident   with
                                                                       (to)

apaga-la   fame   con   outro   dos   fillos   da
extinguish it (the) hunger   with   (an) other   two   sons   of the

pega.
magpie

"Pega, peguiña! Eh, pega! Non me   dás   un
Magpie   little magpie Hey   magpie   Not   me   (you will) give   a

pego?"
magpie (son)

"Non darei non, que meus fillos son."
Not (I) will give (you) no because my sons (they) are

"Enróscate aí meu rabo e tronza este
(I will) coil you there my tail and cut down this

carballo!"
oak tree

"Sen serras nin machados non se tronzan
Without saws nor axes not itself (they) cut down

os carballos."
the oak trees

O raposo diante de tal ousadía enroscou o
The fox in front of such dare coiled the

rabo ó carballo e empezou a facer forza,
tail to the oak tree and began to make force

pero claro, o carballo non caeu. Ameazou e
but clear the oak tree not fell (He) threatened and

berrou contra a pega, pero non lle serviu de
shouted at the magpie but not him (it) served of

nada e tivo que marchar de alí cabreado
nothing and (he) had to march from there tired

e cheo de fame.
and full of hunger

A pega quedou toda contenta cos poucos
The magpie remained all happy with the few

fillos que lle quedaban, pero aprendeu a lección
sons that her (were) left but learned the lesson

para non deixarse enganar tan facilmente e
to not let herself trick so easily and
(be tricked)

quedou eternamente agradecida ó carrizo que
remained eternally grateful to the wren that

tan ben a aconsellara.
so well it advised

55

Abelardo de Berredo

Abelardo **de** **Berredo**
Abelardo of Berredo
{eth: Boar-heart}

...E non fai falla máis presentación. Dicimos iso
And not does lack more presentation (We) say this
(Let us say)

xa que non hai persoa maior de cincuenta
already that not has (a) person over of fifty
(there is)

anos que nestas comarcas do interior de Galicia
years that in these regions of the interior of Galicia

(Deza, a Ulloa, Terras de Melide e Arzúa) non
Deza at Ulloa Lands of Melide and Arzua not

oísen falar del, pois era todo un cerebro
(they) hear talk of him then (he) was all a brain

privilexiado para cálculos e exercicios
privileged for calculations and exercises

memorísticos.
of the memory

Abelardo era un home moi peculiar que vivía en
Abelardo was a man very peculiar that lived in

Berredo (Agolada), nunhas condicións de indixencia
Berredo Agolada in some conditions of poverty
(in)

e cun acusado síndrome de Dióxenes.
and with an outstanding syndrome of Diogenes

Acostumaba levar postas tres ou catro chaquetas,
Accustomed to carry put on three or four jackets
to wear

unhas por riba doutras, e sobre elas unha
ones for top of others and over them a
the one on top of the other

zamarra, en cuxos petos podía haber de todo,
sheepskin in whose pockets could have of everything
there could be

dende cartos ata alimentos. Sobre a cabeza
from money until foods On the head

levaba algún pucho ou gorra, e adoitaba levar
(he) carried some fez or cap and used to carry

unha vara na man, que non adoitaba
a — stick — in the — hand — that — not — (he) used

apoiar no chan. Como trazo físico máis
to support (himself) — on the — ground — As — trait — physical — most

característico, tiña o rostro cheo de espullas,
characteristic — (he) had — the — face — full — of — warts

que non impedía que se puidese afeitar,
that — not — impeded — that — if — (he) could himself — shave

sen cortarse.
without — to cut himself

Nesta descrición semella que só queremos
In this — description — (it) seems — that — only — (we) want

presentar as súas miserias, pero o motivo deste
to present — the — his — miseries — but — the — motive — of this

relato é destacar o seu "talento" e capacidade
story — is — to highlight — the — his — talent — and — capacity

maiúscula para os exercicios mentais.
major — for — the — exercises — mental

Abelardo **ía** **de** **festa** **en** **festa** **e** **de** **feira** **en**
Abelardo went from party in party and from fair in
(to) (to)

feira **polas** **vilas** **e** **aldeas** **destas** **comarcas**
fair by the villages and settlements of these regions

centrais **e** **cando** **alguén** **se** **dirixía** **a** **el,**
central and when someone himself directed to him

era **capaz** **de** **calcular** **cantos** **días,** **horas** **e**
(he) was capable of to calculate how many days hours and

minutos **levaba** **vivido,** **con** **só** **dicirlle**
minutes (he) carried alive with only to tell him
(that person had been)

a **súa** **data** **e** **hora** **aproximada** **de** **nacemento.**
-the- his date and hour approximate of birth

Facía **ese** **cálculo** **en** **cuestión** **de** **segundos.**
(He) made this calculation in question of seconds
(a case)

Incluso **era** **capaz** **de** **pasalos** **a** **segundos**
Including (he) was capable of to pass them the seconds

cando **se** **lle** **preguntaba,** **cunha** **rapidez**
when itself him was asked with a speed

asombrosa (que a calquera lle custaría facelo
surprising   that to anyone him cost   to do it

incluso cunha calculadora na man). Tamén tiña
including with a calculator in the hand Also (he) had
(even)

un don destacado para lembrar en que día da
a gift outstanding to remember in what day of the

semana caera tal festa ou tal outra, se fora un
week fell such feast or such other itself was a

xoves ou un martes... incluso en anos moi
Thursday or a Tuesday including in years very

afastados no tempo.
distant in the time

A cambio do seu cálculo ou das súas
At change of the his calculation or of the his
In exchange

respostas a xente dáballe unha esmola ou comida,
answers the people gave him a alm or food

e el a cambio amosaba un aceno despreocupado
and he at change showed a sign unworried
in exchange

ou mesmo severo, e nunca daba as grazas polo
or even strict and never gave the thanks for the

recibido.
received

Temos lido algúns artigos sobre Abelardo
(We) have read some articles about Abelardo

nos que se destaca o seu talento prodixioso
in the that itself stands out -the- his talent prodigious
in which

e mesmo se chega a asegurar que, sen
and even itself arrives to assure that without

saber ler nin escribir, repartía o correo
to know to read nor to write (he) distributed the mail

entre os veciños da súa parroquia e xamais
between the neighbors of -the- his parish and never

se equivocaba no reparto.
himself was mistaken in the distribution

Nunha ocasión cando era cativo, aló polos
In one occasion when (I) was (a) little child there by the
(On one)

anos setenta, aconteceume que estando cos
years seventy (it) happened to me that standing with -the-

meus pais nunha feira,
my parents in a fair
(at a)

achegámonos xunto a Abelardo para que
(we) approached ourselves together to Abelardo for that
we approached

nos fixera un dos seus cálculos, como
us (he) makes one of -the- his calculations, as

acostumaba facer o resto da xente, e
(he) was accustomed to make (for) the rest of the people and

despois de axustar os nosos días, horas e
after of to adjust the our days hours and

minutos vividos, rematou a conversa cunha frase
minutes lived ended the conversation with a phrase

moi clarividente respecto a min:
very clairvoyant in respect to me

"Este neno ten os ollos moi abertos.... Vai ser
This boy has the eyes very open (He) goes to be

un home moi importante na vida", para de
a man very important in the life for of

seguido concluír cun parco "ou non".
in following to conclude with a sparse or not

Esta conclusión categórica respecto ó meu
This conclusion categorical in respect to -the- my

porvir, debeunos impresionar en boa medida,
future had to us impress in good manner

xa que frecuentemente lembramos esta cita
already that frequently (we) remembered this meeting
since

en conversas familiares. Se cadra chegará
in conversations of the family Itself coincides (that) will arrive

o momento no que me converta nunha persoa
the moment in it that me converts in a person

importante, porque aínda debo estar ancorado
important because still (I) must be anchored

nese "ou non".
in this or not

Vemos por tanto que tamén traballaba os asuntos
(We) see for so much that also worked the cases

das adiviñacións, que dun xeito ou doutro
of the guessing that of a way or of other

atinaba, pois as súas verbas non deixaban lugar
found out because -the- his words not left place

a erro, pois incluía nas súas predicións as
to error because including in -the- his predictions the

diferentes variables posibles.
different variations possible

Ata hai poucos anos, nun bar da zona dos
Until (it) has (a) few years in a bar of the zone of the

viños de Melide, coñecido como "O noso bar", e
wines of Melide known as The our bar and

que actualmente xa non existe como tal,
that actually already not exists as such
(currently)

había nas súas paredes fotos de "personaxes"
(it) had in the its walls pictures of persons
(there was) (on)

moi pintorescas da zona. Entre eles figuraba
very picturesque of teh zone Between them was present

o retrato de Abelardo de Berredo, xunto a
the portrait of Abelardo of Berredo together with

outras figuras inesquecibles das que trataremos
other figures unforgettable of the that (we) will relate
of whom

noutra ocasión.
on (an) other occasion

Como conclusión só queremos indicar a nosa
As conclusion only (we) want to indicate -the- our

admiración por unha mente tan lúcida e
admiration for a mind so lucid and

privilexiada como a de Abelardo de Berredo, un
privileged as that of Abelardo de Berredo a

home que non recibira escola, e que non
man that not received school and that not
(proper schooling)

sabía ler pero que non lle impedía realizar
knew to read but that not him impeded to realize

operacións **matemáticas** **imposibles** **para** **mentes**
operations / of math / impossible / for / minds
(calculations)

cultivadas. **Hoxe** **en** **día,** **a** **pesar** **do** **pouco** **que**
cultivated / Today / in / day / at / weight / of the / little / that
(educated)

parecen **impresionar** **este** **tipo** **de** **fenómenos,**
seem / to impress / this / type / of / phenomenons

posiblemente **seguiría** **asombrando,** **e**
possibly / continues / surprising / and

converteríase **en** **"trending** **topic",** **nese** **mundo**
shall convert itself / in / trending / topic / in this / world

virtual **que** **tanto** **absorbe.**
virtual / that / so much / absorbs

Almanzor e o cego do Sobroso

Almanzor   **e**   **o**   **cego**   **do**   **Sobroso**
Almanzor   and   the   blind   of the   Sobroso
{Arab commander}

Os   **datos**   **históricos**   **(para**   **ambientar):**
The   data   historical   for   to acclimatize

En   **plena**   **Reconquista,**   **trala**   **aparición**
In   full   Recapture   after the   apparition
{taking Spain back from Muslims}

do   **corpo**   **do**   **Apóstolo,**   **Santiago**   **«Matamouros»**
of the   body   of the   Apostle   Santiago   Kill-moors

converteuse   **en**   **facho**   **guieiro**   **da**   **fe**   **cristiá**
converted   in   (a) point   turning   of the   belief   Christian

fronte   **á**   **fe**   **islámica.**   **Dende**   **o**   **Califato**   **de**
in face   at the   belief   Islamic   From   the   Caliphate   of

Córdoba   **víase**   **con**   **inquedanza**   **ese**
Cordoba   watched themselves   with   unease   this
(they watched)

movemento e no verán do ano 997,
movement and in the Summer of the year 997

Almanzor encabezou unha das súas expedicións,
Almanzor headed one of the his expeditions

a máis importante de todas, ás terras de
the most important of all to the earths of
(lands)

«Jaliquia» para poñer orde. Ía sementando
Jaliquia for to set order (He) went sowing
(to maintain)

o terror alí por onde pasaba, atacando e
the terror there by where (he) passed attacking and

derrubando sen piedade todo o que atopaba
demolishing without piety all it that (he) found

ao seu paso. Chegou a Compostela e
at the his path (He) arrived at Compostela and
(Compostela de Santiago)

derrubou boa parte da Catedral (daquela aínda
destroyed (a) good part of the Cathedral from which still

basílica), levando como trofeo de guerra as súas
(a) basilica taking as trophy of war the its

campás ata Córdoba ao lombo de prisioneiros
bells · to · Cordoba · on the · back · of · prisoners

cristiáns.
Christian

Agora, a lenda:
Now · the · legend

Naquela expedición, Almanzor chegou ás terras
In that · expedition · Almanzor · arrived · at the · lands

do Condado, moi preto do castelo do
of the · Condado · very · close · of the · castle · of the

Sobroso (Ponteareas), e decidiu enviar por diante
Sobroso · Ponteareas · and · decided · to send · by · of-front ahead

un destacamento encabezado polo seu capitán
a · detachment · headed · by the · his · captain

Abd-El Krim (ou Abd-el Kramer, ou Ab-del Kader,
Abd-El · Krim · or · Abd-el · Kramer · or · Ab-del · Kader

segundo as distintas versións), coa misión de
according to · the · various · versions · with the · mission · of

inspeccionar o castelo e ver a maneira de
to inspect the castle and to see the way of

atacalo, mentres o resto de soldados
to attack it while the rest of the soldiers

recuperaban folgos non moi lonxe. Pero era tal
recuperated breaths not much farther But (it) was such

a fama que arrastraba Almanzor naquela viaxe,
the fame that incited Almanzor on that trip

que tanto os veciños como os donos do
that as much the neighbors as the owners of the

castelo marcharan todos, así que Abd-El Krim
castle walked (off) all so that Abd-El Krim

ocupou a praza sen problemas. Unha vez
occupied the square without problems One time

instalado mandou aviso a Almanzor e
installed (he) commissioned (a) notice to Almanzor and

mandou baleirar as despensas e preparar unha
ordered to empty the pantries and prepare a

gran festa para recibir como se merecía ao
great feast for to receive as himself deserved to the

xefe do exército.
chief of the army

Pero disque había un mendigo cego que
But (one) says (it) had a beggar blind that
(was)

de cando en vez subía ao castelo para
of when and time went up to the castle for
now and then

entreter aos señores, que non fora avisado
to entertain to the lords that not was advised
(the beggar)

do que estaba acontecendo. Descoñecedor de que
of it what was happened Unbeknownst of that

quen ocupaban agora o Sobroso eran os
who occupied now the Sobroso were the

sarracenos, subía pola ladeira do monte
Saracens (he) climbed by the side of the mount

Landín anunciándose co zanfonear da súa
Landin announcing with the droning of the his

zanfona e entoando algunha vella cantiga.
hurdy-gurdy and tuning some old song
(strings and wheel) (playing)

Abd-El Krim escoitou aquel son doce e pausado,
Abd-El Krim heard that sound sweet and slow

aquel lamento fungón e tristeiro, e ficou
that lament nasal and sad and became

abraiado. Disque se enfureceu ao ver a
surprised (It) says himself (he) angered at the to see the
(It is said that)

indiferenza do cego no seu pausado
indifference of the blind (man) in the his slow

camiñar, que lle fervía o sangue ao atopar un
walking that him boiled the blood to the meeting a

cristián no medio deles, que considerou unha
Christian in the middle of them that considered an

aldraxe que os viñese molestar con aquel
outrage that theme came himself disturb with the that

son que cría burlón, e ordenou que o
sound that cried joker and ordered that him

levasen á súa presenza. O cego foi
(they) carried to the his presence The blind (man) was

arrastrado diante do capitán e Abd-El Krim,
dragged in front of the captain and Abd-El Krim

rabioso estaba, segoulle as mans coa súa
enraged (as he) was sawed off him the hands with the his

cimitarra e logo cortoulle a gorxa, e ordenou
scimitar and then cut him the throat and ordered
(curved sword)

que botasen fóra aquel corpo e que
that (they) throw out that body and that

seguisen os preparativos da festa para recibir
(they) continued the preparations of the feast to receive

a Almanzor.
the Almanzor

Contra a noite chegou o caudillo ao Sobroso
Against the night arrived the chief at the Sobroso
(By)

e comezou o festín. Pero no medio da festa
and started the feast But in the middle of the feast

o vento quixo arrastrar por entre as ameas
the wind wanted to drag by between the battlements
through

un son doce e pausado, fungón e tristeiro, un
a sound sweet and slow nasal and sad a

zanfoneo que fixo enmudecer a concorrencia.
droning that made to mute the people present

Almanzor veu aos seus tan amolados que de
Almanzor saw at the his (people) so angried that of

seguida mandou que detivesen aquel lamento,
followed ordered that (they) stopped that lament

pero o son da zanfona seguía aboiando
but the sound of the hurdy-gurdy continued floating
(strings and wheel)

na sala mentres os soldados ficaban mudos.
in the hall while the soldiers remained dumbstruck

Abd-El Krim tirouse de xeonllos diante de
Abd-El Krim threw himself of knees them in front of

Almanzor e explicoulle o que acontecera aquela
Almanzor and explained him it that happened that

mesma tarde, que aparecera un cristián tocando
same afternoon that appeared a Christian playing

un instrumento, que el mesmo lle cortara as
an instrument that the same him cut the

mans e o pescozo, e que tiraran o seu
hands and the neck and that (they) threw the his

corpo ao pé das murallas. O xefe do
body to the foot of the walls The chief of the

exército ordenou que se buscase ao novo
army ordered that itself search to the new

trobador e que se repetise o castigo, pero
minstrel and that itself repeated the punishment but

os soldados non foron quen de atopar a ninguén.
the soldiers not were whom of to meet to no one

Almanzor pediu ver o corpo do mendigo cego
Almanzor asked to see the body of the beggar blind

e, acompañado dun grupo de soldados, foi ata
and accompanied by a group of soldiers went until

o lugar en que fora tirado. Disque ao
the place in that (he) was thrown (It) says at the
(location) (They say that)

chegar, o son da zanfona era moito máis
arriving the sound of the hurdy-gurdy were much more
(strings and wheel)

forte enchendo o aire de tristura e de misterio,
strong filling the air of sadness and of mystery

que o vento arrastraba por entre as rochas e
that the wind carried along by between the rocks and
(in)

as sobreiras unha vella cantiga. E que o propio
the cork oaks an old song And that the same

Almanzor puido ver o instrumento a uns metros
Almanzor could see the instrument at some meters

do corpo, e as mans do cego, aínda
from the corpse and the hands of the blind still

aferradas a el, movéndose e facéndoo sonar
stuck to it moving themselves and making it sound

maxicamente.
at a maximum

E aínda contan na vila que, cando Galicia
And still (they) recount in the village that when Galicia

está a piques de sufrir algún tipo de traxedia,
is at peaks of to suffer some type of tragedy

pódese escoitar aboiando no aire o
(you) can itself hear floating in the air the

zanfoneo daquel cego, o lamento triste e
droning of that blind (man) the lament sad and

fungón da súa zanfona, e ao vento espallar
nasal of the his hurdy-gurdy e and to the wind scatter
(strings and wheel)

aquela cantiga.

O conto do galo Quirico que quería ir á voda do tío Perico

O conto do galo Quirico que quería ir á
The tale of the rooster Quirico that wanted to go to the

voda do tío Perico
wedding of the uncle Perico
        (of his)

Este conto que vos vou contar vai do galo
This story that you (I) go tell goes of the rooster
                I'm going to tell you   is about the

máis festeiro de todo o galiñeiro. Éche o
most festive of all the chicken coop Look here the
             of the whole

conto do galo Quirico que ía para a voda
tale of the rooster Quirico that went to the wedding

do tío Perico.
of the uncle Perico
(of his)

Chegouche o día da voda e o noso
(It) arrived you the day of the wedding and -the- our
{-che to address reader}

galo **ergueuse** **moi** **cedo.** **Lavouse,** **arranxou**
rooster got up quite early (He) washed himself arranged

as **plumas...** **púxose** **como** **nunca** **se**
the feathers Put himself as never himself
(Made himself up)

puxera! **Todo** **elegante!** **Daba** **gusto** **velo!**
put up All elegant (It) gave (a) pleasure to see him
(had made up) (It was)

Pouco **a** **pouco** **foise** **indo** **pola**
Little by little (he) was -himself- going by the

corredoira **que** **levaba** **á** **casa** **do** **seu**
narrow enclosed road that led to the house of -the- his

tío **Perico.**
uncle Perico

Cando **xa** **levaba** **un** **bo** **cacho** **andado** **viu**
When already (he) carried a good stretch went (he) saw

de súpeto, **xusto** **no** **medio** **da** **corredoira,**
of sudden just in the middle of the narrow enclosed road
(right)

unha **gran** **bosta** **de** **vaca** **cun** **verme** **color** **rosa**
a large dung of cow with a worm color red

enriba. Que delicia! Que apetitoso! E entón
on top / What / (a) delight / How / appetizing / And / then

chega a dúbida:
arrived / the / doubt

"Pico ou non pico? Se pico vou lixa-lo
Peck / or / not / peck / If / (I) peck / (I) go / spoil it
(Shall I peck)

pico, e non vou poder ir á voda do
(the) beak / and / not / (I) go / be able / to go / to the / wedding / of the
(I will)

tío Perico. Pero se non pico, coa fame que
uncle / Perico / But / if / not / (I) peck / with the / hunger / that

teño non vou dar chegado á casa do tío
(I) have / not / (I) go / give / arrived / at the / house / of the / uncle
(I will) / be able to get to / (of my)

Perico."
Perico

Despois de moitas dúbidas non puido resisti-la
After / of / many / doubts / not / (he) could / resist it

tentación e picou. Vaia se picou, que todo o
(the) tentacion / and / pecked / Went / itself / pecked / that / all / the

peteiro emporcou! E claro, agora máis
beak soiled And (it is) clear now (he has) more

dúbidas:
doubts

"Que vou facer co peteiro como o teño?
What (will I) go do with the beak as it (I) have

Así non podo chegar á casa do tío
Like this not (I) can arrive at the house of the uncle

Perico."
Perico

Todo preocupado, cheo de pena e co peteiro
All preoccupied full of grief and with the beak

cheo de bosta, foi indo ata que chegou a un
full of dung (he) was going until that (he) arrived at a

prado e alí viu á herba. Ó vela, o
meadow and there saw -to- the grass Her seeing the

galo ocorréuselle unha idea:
rooster happened to him an idea

"Herba, herbiña, límpame o pico que vou para a
Grass little grass clean me the beak that (I) go to the

voda do meu tío Perico!"
wedding of the my uncle Perico

"Limpo, limpo, pero antes tes que dicirme
(I will) clean (I will) clean but before (you) have to tell me

onde está vermiño."
where is (the) little worm

"Non sei, eu non sei."
Not (I) know I (do) not know

Nisto que a herba se pon a berrar:
In this that the grass itself set to shout

"Verme! Vermiño! Onde estás?"
Worm Little worm Where are (you)

Tanto berrou que o vermiño que tragara o
So much (he) shouted that the little worm that swallowed the

galo Quirico oíuno.
rooster Quirico (it) heard

"Estou aquí! Na barriguiña do galo Quirico
(I) am here In the little stomach of the rooster Quirico

que vai para a voda do seu tío Perico!"
that goes to the wedding of the his uncle Perico

"Ai, si! Pois agora por mentireiro non che
Ai yes Then now for (being a) liar not you

limpo o peteiro!" dixo, toda enfadada, a
(I will) clean the beak said all angry the

herba.
grass

O galo seguiu o seu camiño ata que
The rooster followed the his road until that

topou cunha ovella.
(he) encountered with a sheep

"Ovella! Ovelliña! Come a herba que non me
Sheep Little sheep Eat the grass that not me

quixo limpa-lo pico para ir á voda do
wanted clean it (the) beak for to go to the wedding of the

tío   Perico."
uncle   Perico

"Como,   como,   pero   antes   tes   que   dicirme
(I will) eat   (I will) eat   but   before   (you) have   to   tell me

onde   está   Vermiño."
where   is   Little worm

"Non   sei,   eu   non   sei'.
Not   (I) know   I   (do) not   know

"Verme!   Vermiño!   Onde   estás?"
Worm   Little worm   Where   are (you)

"Aquí, aquí!   Na   barriguiña   do   galo   Quirico que
Here   here   In the   little stomach   of the   rooster   Quirico   that

vai   para   a   voda   do   seu   tío   Perico!"
goes   to   the   wedding   of the   his   uncle   Perico

"Ai   si!   Pois   agora   por   mentireiro   non   che   limpo
Ai   yes   Then   now   for   (being a) liar   not   you   (I) clean

o   peteiro!"
the   beak

Despois de atravesa-lo prado onde estaba a
After   of   crossing it   (the) meadow   where   was   the

ovella entrou nun bosque. Alí atopou un
sheep   (he) entered   in a   forest   There   (he) encountered   a

lobo.
wolf

"Lobo! Lobiño! Come á ovella, que non quere
Wolf   Little wolf   Eat   to the   sheep   that   not   wants

come-la herba, que non me quixo limpa-lo
to eat it   (the) grass   that   not   me   wanted   to clean it

pico para ir á voda do tío Perico."
(the) beak   for   to go   to the   wedding   of the   uncle   Perico

"Como, como, pero antes tes que dicirme
(I will) eat   (I will) eat   But   before   (you) have   to   tell me

onde está vermiño."
where   is   (the) little worm

"Non sei, eu non sei."
Not   know   I   (do) not   know

"Verme! Vermiño! Onde estás?"
Worm   Little worm   Where   are (you)

"Aquí, aquí! Na barriguiña do galo Quirico que
Here   here   In the   little stomach   of the   rooster   Quirico   that

vai para a voda do seu tío Perico!"
goes   to   the   wedding   of the   his   uncle   Perico

"Ai si! Pois agora por mentireiro non che limpo
Ai   yes   Then   now   for   (being a) liar   not   that   (I) clean

o peteiro!"
the   beak

O galo seguiu o seu camiño, cada vez máis
The   rooster   followed   the   his   road   each   time   more

cabreado, ata que atopou cun gran pau.
mad   until   that   (he) encountered   with a   large   stick

"Pau! Pauciño! Pégalle ó lobo, que non quere
Stick   Little stick   Hit him   to the   wolf   that   not   wants

come-la ovella, que non quere come-la herba,
to eat it   the sheep   that   not   wants   to eat it   (the) grass

que non quixo limparme o pico para ir á
that not wanted to clean me the beak for to go to the

voda do tío Perico."
wedding of the uncle Perico

"Pego, pego, pero antes tes que dicirme
(I will) hit (I will) hit but before (you) have to tell me

onde está vermiño."
where is little worm

"Non sei, eu non sei."
Not (I) know I (do) not know

"Verme! Vermiño! Onde estás?"
Worm Little worm Where are (you)

"Aquí, aquí! Na barriguiña do galo Quirico que
Here here In the little stomach of the rooster Quirico that

vai para a voda do seu tío Perico!"
goes to the wedding of the his uncle Perico

"Ai si! Pois agora por mentireiro non che limpo o
Ai yes Then now for (being a) liar not you clean the

peteiro!"
beak

"Que pau máis retorcido! Máis que pau es
What (a) stick more twisted More than (a) stick (it) is

un garabullo!" díxolle o galo antes de seguir
a kindling stick said him the rooster before of to follow

co seu camiño.
with the his road

Seguiu andando ata que topou cunha
(He) continued going until that (he) encountered with a

gran fogueira.
large bonfire

"Lume! Lumiño! Queima o pau, que non quere
Fire Little fire Burn the stick that not wants

pegar ó lobo, que non quere come-la ovella,
to hit to the wolf that not wants to eat it the sheep

que non quere come-la herba, que non quixo
that not wants to eat it the grass that not wanted

limparme o pico para ir á voda do tío
to clean me the beak for to go to the wedding of the uncle

Perico."
Perico

"Queimo, queimo, pero antes tes que dicirme
(I will) burn (I will) burn but before (you) have to tell me

onde está Vermiño."
where is Little worm

"Non sei, eu non sei."
Not know I (do) not know

"Verme! Vermiño! Onde estás?"
Worm Little worm Where are (you)

"Aquí, aquí! Na barriguiña do galo Quirico que
Here here In the little stomach of the rooster Quirico that

vai para a voda do seu tío Perico!"
goes to the wedding of the his uncle Perico

"Ai si! Pois agora por mentireiro non che limpo
Ai yes Then now for (being a) liar not you (I) clean

o   peteiro!"
the   beak

Seguiu   andando   ata   que   chegou   á   ponte
(He) continued   going   until that (he) arrived at the   bridge

da   aldea.
of the   village

"Río!   Riíño!   Apaga   o   lume   que   non   quere
River   Little river   Extinguish   the   fire   that   not   wants

queima-lo   pau,   que   non   quere   pegar   ó
to burn it   (the) stick   that   not   wants   to hit   -to- the

lobo,   que   non   quere   come-la   ovella,   que   non
wolf   that   not   wants   to eat it   the sheep   that   not

quere   come-la   herba,   que   non   quixo   limparme
wants   to eat-it   (the) grass   that   not   wanted   to clean (of) me

o   pico para   ir   á   voda   do   tío   Perico."
the   beak   for   to go to the wedding of the uncle   Perico

"Apago,   apago,   pero antes   tes   que
(I will) extinguish   (I will) extinguish   but   before   (you) have   to

dicirme onde está Vermiño."
tell me   where   is   Little worm

"Non   sei,   eu   non   sei."
Not   (I) know   I   (do) not   know

"Verme! Vermiño! Onde estás?"
Worm   Little worm   Where   are (you)

"Aquí, aquí! Na barriguiña do galo Quirico que
Here   here   In the   little stomach   of the   rooster   Quirico   that

vai para a voda!"
goes   to   the   wedding

Os bautizos do raposo

Os bautizos do raposo
The baptisms of the fox

Cando os animais falaban houbo un ano de
When the animals talked had a year of
(there was)

moitas neves, tanto o raposo coma o lobo
much snows so much the fox as the wolf
(snow) (both)

pasaron unhas fames moi grandes. E, falando
passed a hungers very great And talking
(experienced) (hunger)

delas, un día dixo o raposo:
of them one day said the fox

"Compadre, o mellor que podemos facer é cava-lo
Friend the best that (we) can do is dig-it

monte para ver se collemos pan para o
mountain to see if (we) take bread for the
(rough weeded terrain)

gasto. Así, polo menos non morreremos de
expense / Like this / at the / least / not / (we) will die / of

fame."
hunger

"Moi ben pensado compadre!" dixo o lobo, "Pero,
Very / well / thought / friend / said / the / wolf / But

que imos comer mentres esteamos traballando?"
what / (we) go / to eat / while / (we) are {subjunctive} / working

"Iso amáñase fácil. Cebamos un porco e así
This / arranges itself / easily / (We) fatten / a / pig / and / like

que fagámo-la matanza comezamos a cavar."
that / (we) do the / slaughter / (we) start / to / dig

Os dous estiveron de acordo e cebaron o
The / two / were / of / agreement / and / fattened / the

porco, fixeron a matanza e foron enterralo para
pig / did (executed) / the / slaughter / and / went / to bury it / so

que ninguén o vise, pero deixándolle o rabo fóra,
that / no one / it / saw / but / letting him / the / tail / out

non fose que despois non soubesen ben
(so that) not (it) would be that afterwards not would know well

do sitio.
of the site

Puxéronse a cavar un monte de uces. O
(They) set themselves to dig a bunch of weeds The

lobo cavaba canto podía e facía moito traballo,
wolf dug all that (he) could and did much work

mais o raposo, levando unha uciña de aquí para
but the fox carrying a weed from here to

alí ou tirando da raíz dun felgo, non facía
there or pulling from the root of a fern not did
(on the)

nada.
nothing
(anything)

Como o raposo é tan pillo, un día que
As the fox is so sly one day that

lle entrou a fame, díxolle ó lobo:
him entered the hunger said it to the wolf
he got hungry

"Ei compadre! Parece que me chaman."
Hey friend Seems that me (they) call

E poñendo unha man na orella coma se fose
ANd putting a hand to the ear as if (it) were

para oír mellor continuou:
to hear better (he) continued

"Ai, é vostede comadre! Agora vou! Agora vou!"
Ah (it) is you friend Now (I) go Now (I) go
I'm coming I'm coming

E dirixíndose ó lobo:
And directing himself to the wolf

"É unha comadre miña que me chama para que
(It) is a friend (of) mine that me called for that

lle sexa o padriño dun fillo que tivo. Xa
him (I) be the godfather of a son that (he) got Already

ve, compadre, que non podo faltar, con que
(you) see friend that not (I) can to miss with that
(to be missed)

vou alá e logo veño."
(I) go there and after (I) come (back)

"Pois vaia, vaia... que é unha obra de caridade!"
Then go go that (it) is a work of charity

Marchou o raposo dereito ó porco e
Marched the fox directly to the pig and
(Went)

deuse unha boa fartura. Deitouse un
gave himself a good feast Remained himself a
(He waited)

pouco e cando lle pareceu, volveu para onde
bit and when him seemed returned to where
he felt like it

quedara o lobo dicíndolle:
(he) left the wolf telling him

"Ai, que cansado veño! Canto ten un que
Ai how tired (I) became How much has one that
how did you name (to)

padecer neste mundo de Deus!"
suffer in this world of God

"E logo, como lle puxo ó afillado?" preguntou
And after how it (you) put to the baptised asked
how did you name

o lobo.
the wolf

"Púxenlle 'Principiatis'."
(I) put it   First
(I named him){fake latin}

"Pois é un nome ben bonito."
Well (it) is a name well nice
          a pretty name

Puxéronse a cavar outra vez e o pobre
(They) set themselves to dig another time and the poor

do lobo, que traballaba todo o que podía,
-of the- wolf that worked all it that (he) could

sentiuse cansado e dixo:
felt himself tired and said

"Compadre! Podiamos comer un anaco de cocho!"
Friend (We) could eat a piece of pig

"Non, iso non pode ser! Se fartámo-la barriga,
No that not can be If (we) devour it (the) belly

despois non teremos ganas de cavar. É mellor
after not will have lust of to dig And better
      we won't feel like

acaba-lo traballo e despois fartarnos ben", dixo
finish it (the) job and after feast ourselves well said

o   pillo raposo.
the   sly   fox

Seguiron   cavando e,   de   alí   a   un   pouco,
(They) continued   digging and from there to   a   little

fixo   o   raposo como se   volvesen   chamar
made   the   fox   as   if   (they) returned to call
(pretended)

por el para outro bautizo. Marchou dereito   ó
for him for (an)other baptism (He) walked directly to the

cocho e   deuse   outra farta tan grande coma
pig   and gave himself (an)other feast so   great   as

a primeira e durmiu outro bo pedazo.
the   first   and slept (an)other good piece

Cando chegou a onde estaba chegou dicindo:
When (he) arrived to where (he) was

"É   unha desgraza ser tan caritativo! Veño que
(It) is a   disgrace to be so   charitable (I) come that
                                       (I know)

non me teño! Tiven que ir moito máis lonxe ca
not me (it) has (I) had that to go much more far   than
I don't have to   I had to go

antes!"
before

"Pois descanse un pouco, compadre!. E como lle
Well rest yourself a bit friend And how him

puxo ao pequenote?"
(you) put to the little one

"Púxenlle 'Segundatis'."
(I) put him Second
(I named him){fake latin}

"Pois aínda é máis fermosos có outro!"
Well even (it) is more beautiful than the other

respondeu o lobo.
answered the wolf

Volveron ó traballo e pola tarde outra
(They) returned to the work and by the afternoon (an)other

vez fixo o raposo que o chamaban para
time made the fox that him (they) called to
(pretended)

outro bautizo.
(an)other baptism

E o que fixo foi ir acabar de come-lo porco.
And it that (he) did was go to finish of to eat it (the) pig

Cando durmiu dabondo veu para onde estaba o
When (he) slept enough went to where was the

lobo que lle preguntou:
wolf that him asked

"Como lle puxo esta vez, compadre?"
How him (you) put this time friend
     (you named)

"Púxenlle 'Rematatis'. Foi o último!" dixo o
(I) put him Finished (It) was the last (one) said the
(I named him) {fake latin}

raposo.
fox

De alí a un pouco deron o traballo por
From there to a bit (they) gave the work for

acabado e decidiron ir comer.
finished and decided to go to eat

Chegaron a onde debía estar o porco e dixo
(They) arrived to where should be the pig and said

o   raposo:
the   fox

"Vostede que ten máis forza... Tire polo rabo,
You   that   have   more   strength   Pull   by the   tails

compadre!"
friend

O lobo deu un tirón e marchou de cu
The wolf gave a pull and walked from (the) bum

para atrás, dicindo:
to   behind   saying

"Tanto tirei que lle arrinquei o rabo!"
So much (I) pulled that him ripped off the tail

Empezaron a escarvar, pero o porco non aparecía
(They) started to dig around but the pig not appeared

e empezaron a rifar un co outro. O lobo
and (they) began to argue one with the other The wolf

botáballe a culpa ó raposo que fora el
blamed him the guilt to the fox that (it) was him

cando fora os bautizos e o raposo dicía
when (he) went to the baptisms and the fox said

que fora o lobo que se aproveitara de
that (it) was the wolf that himself had taken advantage of

quedar só para comelo.
remaining alone to eat it

Por fin o raposo puxo fin á discusión dicindo:
For end the fox set end to the discussion saying
Finally

"Aquí non hai que discutir nada máis! Para
Here not has -that- to discuss nothing more To
(there is)

saber a verdade ímonos deitar coa
know the truth (we) go ourselves lie down with the

barriga ó sol, e ó primeiro que lle súe...
belly to the sun and to the first that him sweats

foi o que comeu o porco."
was it that ate the pig

"Xa está!" dixo o lobo, que estaba seguro de
Already (you) are said the wolf that was sure of

que el non fora.
that   he   not   (it) was

Máis velaí o que aconteceu: o   pobre   do lobo,
More   see   it   that   happened   the poor (guy) of the   wolf
(Then)   (of a)

como estaba canso de traballar, en   canto   se
who   was   tired   of   to work   in how much himself

deitou   xa   quedou durmido, roncando coma un
let down already remained   asleep   snoring   like   a

crego en día de festa; pero o   pillo   do
priest   on (a) day of   feast   but   the sly (one) of the
                                                    (of a)

raposo, como estaba ben descansado e cansado
fox   who   was   well   rested   and   tired

de durmir, non pechou os ollos. Cando lle
of   to sleep   not   closed   the   eyes   When   him

pareceu, ergueuse moi a modiño, e foi e
seemed   (he) got up very -to-   slow   and went and

mexoulle   na   barriga do lobo, e despois
peed him   on the   belly   of the   wolf   and   after

volveuse   deitar   coma se nada fora.
returned himself to lie down as   if nothing went
                                              (had happened)

Máis   tarde   fixo   que   coma   se   espertase,
More   late   made   that   like   himself woke up himself

facendo moito barullo   ao   espreguizarse para que
making   much   noise   at the expressing himself for   that

tamén   espertase   o   lobo.
also   woke up himself the   wolf

"Foi   vostede   quen   o   comeu,   compadre! Mire
(It) was   you   who   it   ate   friend   Look

como lle   súa   a   barriga!"
how   it sweats the   belly

Entón   o   lobo, cando   viu   que   tiña   a   barriga
Then   the wolf   when (he) saw that (he) had the   belly

mollada, díxolle:
wet   said him

"E   máis   comín, ho,   pero   foi   sen   darme
And   more (I) ate   ho   but (it) was without to give myself

105

conta!"
account

Entón   o   raposo   empezou   a   queixarse   que   lle
Then   the   fox   started   to complain himself   that   him

  ía   moito mal.
(it) went   very   bad

"Ai, compadre! Que mal   me   atopo!   Vai   ter
Ai   friend   That   bad myself (I) find (You) go to have
                       (How)

que levarme   ó   lombo!"
that to take me to the   top

Foi   o   lobo   e   colleu   o   raposo   ás   costas, e
Went the wolf and   took   the   fox   at the   back   and

como   é   tan pillo   facía   que   se   queixaba
  as   (he) is   so   sly   (he) made that himself   complain

moito, pero polo baixo   ía   cantando:
much   but   for the low   went   singing

"Pirulín,   piruleiro! Comín   o   porco   e   vou
 Pirulin   piruleiro   (I) ate   the   pig   and   (I) go

'cabaleiro'!"
(like a) knight

"Que   di,   meu compadre?"
What   (do you) say   my   friend

"Nada,   nada,   ho! Deliro,   deliro!" contestaba   o
Nothing   nothing ho   Delirious delirious   answered   the

raposo.
   fox

O Magosto

O Magosto
The Chestnut Feast

Ollando de esguello para un iscariote dun rapaz
Watching of oblique to a needle of a young man
sideways

que se entretiña co pouco doce labor de lle
that himself busied with the little sweet labor of it

prender unha caldeireta vella ao rabo dun
attach a big metal bucket old at the end of a

can, que non se metía con ninguén, comezou a
dog that not itself put with no-one started to
bothered

dicir o Mariano, mentres poñía, con moita
say the Mariano while (he) put with a lot of

pachorra un pucho apagado na orella esquerda
slowness a face cloth off on the ear left

debaixo da á debandada do sombreiro. –
under of the to the unroll of the hat

"Non... ben!... o que é os rapaces, facer fan os
No well it that is the boys to do make the

feitos do demo!. E pensar que un foi coma
deeds of the devil And to think that one was like

eles, ou quizais peor!..."
them or maybe worse

Aínda mesmo me parece que se me arrepían os
Still same me seems that itself me straighten the

pelos da cabeza cada vez que me lembro
hairs of the head each time that myself remember

dunha cousa que fixen na compaña de outros
of a thing that (I) did in the company of other

rillotes coma min, hai polo menos uns sesenta
bad kids like me has by the least a sixty
(there is)

anos, sendo todos ben cativos por certo. Como
years being all well naughty for sure How

pasa o tempo!. De todo aquel grupiño, fóra dun
passes the time Of all that group was of one

que casou en Bos Aires, e que aínda vive,
that married in Buenos Aires and that still lives

soamente eu podo contar o conto: Os máis,
only I can tell the story The more

xa morreron todos Xosé e mais Andrés... no
already died all Jose and more Andres in the

ano da epidemia, Farruco... dun tiro que lle
year of the epidemy Farruco of one blow that him

pegaron no corazón nunha liorta, e Ramón,
(they) struck in the heart in an argument and Ramon

que tiña oficio de canteiro, ese quedou esmagado
that had office of stonemason this remained crushed
(job)

debaixo dunha estada, cando estaban
under of a (building) support when (they) were

poñendo a parede dunha pendella vella que lle
putting a wall of a open side shed old that it

amoleceran os cimentos coa forza da invernía.
were softened the foundations with the force of the winter

Pero... imos ao conto.
But let's go to the tale

O frío de agora, en comparanza do que facía
The cold of now in comparison of it that (it) did

daquela, non vos é nada, xeaba, lazaba e
then not you is nothing (it) iced (it) freezed and
            is nothing

nevaba o máis do inverno: dende
(it) snowed the most of the winter from

Santos ata ben entrada a primavera.
(the day of the) Saints up to well entered the spring

E cando non xeaba, chovía auga como se a
And when not (it) iced (it) rained water as if it
              (it hailed)

guindasen a caldeiros.
(they) threw out to kettles
        (with)

As veces, e non coidedes que é un
At -the- times and not (you) will think that (it) is a

conto, callábase o río, e o lazo era tan groso
story silenced itself the river and the ice was so large

e tan duro, que se podía andar, con facenda
and so hard that itself could walk (on it) with goods

e todo por enriba del, dunha ribeira para
and all for on top of it from one (river)bank to

outra, sen necesidade de pasar o traballo en
(the) other without necessity of to pass the work in

dar a volta pola ponte, onde era fondo, ou
to give the turn by the bridge where (it) was deep or

polos pasais onde levaba pouca auga. Dar
by the fords where (it) carried little water To give

daba xenio esvarar con zocos ferrados de brochas
(it) gave genius to slide with clogs ironed of brushes

por riba do lazo, e loitar cos rapaces sobre
by top of the ice and fight with the boys on

o río, que callado daquela maneira parecía
the river that frozen of that manner seemed

talmente de vidro.
such of glass

Un día, Ramón, o que morreu esmagado pola
One day Ramon it that died crushed by the
(the one)

estada, que tiña coma min o costume de
(wall) support that had like my the habit of

levar as vacas a pacer á beira do río,
to take the cows to graze at the bank of the river

argallou unha cousa... que a pouco máis, se
came up with a thing that at little more itself

non chega a ser por meu avó,
not arrived to be for my grandfather

que na gloria estea – acabar, acababa con todos
that in the glory (he) be to end ended with all
may his soul rest

nós. Xa veredes de que maneira.
(of) us Already (you) will see of what manner

Foi Ramón e dixo: Por que non xuntamos
(It) was Ramon and (he) said For what not gather (we)

ben leña e facemos un bo lume enriba do
good (fire)wood and make a nice light on top of the
(fire)

pozo grande do río para asar despois un
well great of the river to roast there-after a

magosto de castañas que furtei na
chestnut feast of chestnuts that (I) pilfered in the

ouriceira da miña casa e que agora teño
chestnut husk heap of the my house and that now (I) have
(chestnut storage)

agochadas naquela silveira?
hidden in that bramble bush

Pareceunos ben o que dixera o armadanzas de
(It) seemed us good it that (he) said the mischiefs of

Ramón e entre todos, sen perda de tempo,
Ramon and between all without loss of time

puxémonos a xuntar leña, e a botar brazadas
(we) set us to gather (fire)wood and to throw arms

dela enriba do lazo, do que nos chamábamos o
of it on top of the ice of it that we called us the

"Pozo Grande" e do cuio que o era; pois
Well Great and of the depth that it was because

asolagaría doadamente tres ou catro casas,
(it) would submerge easily three or four houses

das que teñen sobrado.
of the that (they) have left over

En pouco tempo tivemos xunta, no pozo, unha
In time little (we) had together on the well a

boa morea de leña que arroubaba tanto como
good heap of (fire)wood that raptured as much as

un feixe de pan, e fun eu, e saquei do peto
a armful of bread and went I and took out of the pocket

unha caixa de mistos, que lle pillara a miña
a box of matches that it (I) pilfered to my
(of)

nai para prender os cigarros; porque aos sete
mother to take the cigars because at the seven

anos eu xa fumaba coma hoxe, e acendín un,
years I already smoked as today and lit one

e sen cavilalo máis fun e púxenlle
and without thinking about it more (I) went and put it

lume á morea de leña, - que por estar
fire to the heap of (fire)wood that for to be

bastante seca deu en arder de contado, e así
quite dry gave in to burn of count and so
in few seconds

que estivo ben acesa e se fixo unha boa
that it was well lit and itself made a nice

fogueira, foi Ramón e botou no lume un
bonfire went Ramon and threw in the kindle a

magosto, de medio ferrado, e coa mesma
chestnut of half ironed and with the same

sen pensalo mellor sentámonos todos
without to think of it better (we) sat ourselves all

derredor do lume, nin máis nin menos que
around of the fire neither more nor less than

si estiveramos na cociña das nosas casas,
itself would be in the kitchen of the our houses

ao   pe   da   lareira.
at the foot of the fireplace

Era   a   gloria   do   mundo   estar   sentados   daquel
(It) was the glory of the world to be seated of that

xeito, quentándonos e sentindo esbourar, a cada
way warming ourselves and hearing explode at each

pouco unha castaña no lume, pois coa
little (while) a chestnut in the fire then with the

presa esquecerámonos de adentalas. Do que
haste forgetting ourselves of set teeth in them Of it that

non se decataba tampouco ninguén, era de que
not itself realized neither no one was of that

o lazo rinchaba e renxía debaixo de nós.
the ice creaked and grinded under of us

Xa levábamos un bo anaco daquela sorte,
Already (we) carried (on) a good piece of that sort

cando dixo un dos rapaces, erguéndose de
when said one of the boys getting up himself of

pronto: Xa vos están asadas! Cando queirades
quick Already you are roasted When (you) want

podemos comezar a **comelas, denantes** que
(we) can start to eat them before that

se queimen.
themselves (they) burn

Iámolo facer, cando vimos chegar a **galope** a
(We) went it to do when (we) saw arrive at gallop the
(high speed)

meu avó, botando lume polos ollos e **cobras**
my grandfather throwing fire by the eyes and snakes

pola boca, cunha vara de **freixo na man**
by the mouth with a stick of ash (tree wood) in the hand

disposto a **mallar en todos nós.**
disposed to thresh on all (of) us

Fuxindo coma lebres, sentimos que **nos dicía:**
Fleeing like hares (we) heard that us (he) said

condenados! galopíns! fillos de **mala nai! fai**
condemned ones rascals sons of (a) bad mother (it) does

falla **non** **ter** **sentido,** **nin** **coñecemento,** **nin**
lack not to have sense nor knowledge nor

amor **á** **vida** **para** **facer** **o** **que** **estades** **facendo,**
love to the life to do it what (you) are doing
(of)

carafio!
dear boy
{expression}

Non **vedes,** **animaliños,** **que** **se** **non** **me** **cadrara** **de**
Not you see little animals that if not to me occurred of

chegar **a** **min** **agora** **afogabades** **todos** **coma**
to arrive to me now (you) had drowned all like

ranchos?
piglets

E **era** **certo** **canto** **dicía** **eu** **avó;** **porque**
And (it) was certain as much said my grandfather because

naquel **mesmo** **punto,** **magosto,** **fogueira** **e**
in that same point chestnut roast fire and

borralla, **afundiuse** **todo** **no** **río,** **cal** **se** **o**
ashes dropped down all into the river which if the

demo en persoa, nun abrir e cerrar de ollos,
devil in person in an opening and closing of eyes

tragara dun bocado todo canto alí se atopaba
took of one mouthful all as much there itself found

facía unha miga. Despois cando o vento varreu
did a crumb After when the wind swept

as muxicas, as charamelas e mais o fume,
the sparks the cinders and also the smoke

puidemos ver que no lazo, no sitio onde
(we) could see that in the ice on the spot where

estivera a fogueira, soamente había unha burata
was the fire only (it) had a hole
(there was)

moura, fonda e redonda, dunhas catro brazas a
dark deep and round of a four arms at

cada xeito, que tería sido a nosa cova se meu
each side that had been the our cave if my
(grave)

avó non atinara a pasar por alí, como
grandfather not (had) arrived to pass for there as

pasou.
happened

As **que** **se** **salvaron** **foron** **as** **troitas;** **pois**
Those that themselves saved were the trouts for

como **levaban** **moitos** **días** **pechadas** **debaixo**
as (they) carried many days enclosed under
(they had been)

do **carambelo,** **estaban** **mortas** **de** **fame,** **e** **nin**
of the caramel (they) were dead of hunger and not
(ice layer) (starving)

que **dicir** **ten** **que** **aínda** **ben** **non** **ventaron** **as**
that to say (it) had that still well not blew away the
it happened that

castañas, **viron** **o** **ceo** **aberto,** **e** **fóronse**
chestnuts (they) saw the sky open and went themselves

a **elas** **coma** **lóstregos.** **E** **deron** **en** **depenicalas**
at them like lightnings And (they) gave in nip them
(lightning)

e **en** **comelas** **con** **tanta** **presa** **e** **con** **tanta**
and in eat them with so much haste and with so much

dilixencia **que** **nun** **instante** **ben** **curto,** **non** **quedou,**
diligence that in an instant well short not remained
(very)

o que se di nin cinasco do magosto.
it that itself says neither (a) speck of the chestnut feast
(not even)

Os dous irmáns e o xigante

Os dous irmáns e o xigante
The two brothers and the giant

Ben, a tía contaba que aló cerca da súa
Well the aunt told that there around of -the- her

aldea, preto de Lugo, vivía unha muller viúva que
village close of (to) Lugo lived a woman widow who

tiña dous fillos.
had two sons

Destes seus fillos sempre se dixera que un era
Of these her sons always itself said (was said) that one was

moi listo e o outro, o máis novo, bastante
very clever and the other the more new (younger one) quite

paspán, e que non facía unha ao dereito. O
dumb and that not (he) made one to the right The
(he was not quite right)

listo,   que era o máis vello e   se   chamaba
clever (one) that was the most old and himself called

Andrés, un día foi levar as ovellas ao   monte.
Andres one day went take the sheep to the mountain

Cando máis entretido estaba,   oíu   algo   que
When most entertained (he) was (he) heard something that
            (busy)

lle fixo mirar arredor, vendo un xigante horrible
him made look behind seeing a giant horrible

cunha gran pedra na man, e que, erguéndose
with a large stone in the hand and that raising himself

cara a el, lle dicía:
face to him him said

"Se te achegas a min, fágoche así!" Premendo
If you get closer to me (I) do like this Pressing

unha pedra coas dúas mans, desfíxoa, caéndolle
a stone with the two hands crushing it dropping it

entre os dedos coma se fose area.
between the fingers as if (it) was sand

Andrés, ao que dicían o listo, tivo tanto
Andres / to the / that / (they) said / the / smart (one) / had / so much

medo que fuxiu cara a casa espantado,
fear / that / (he) fled / face / to / (the) house / afraid

deixando no monte as ovellas. Cando chegou
leaving / on the / mountain / the / sheep / When / (he) arrived

á casa preguntoulle a súa nai:
at the / house / asking him / the / his / mother

"Que pasou? Onde deixaches as ovellas?"
What / happened / Where / did (you) leave / the / sheep

O fillo listo contestoulle que as deixara no
The / boy / clever / answered her / that / they / (he) left / on the

monte porque lle collera moito medo a un
mountain / because / him / caught (took) / much / fright / at / a

xigante que por alí andaba. Oíndo isto, o seu
giant / that / by / there / went / Hearing / this / -the- / his

irmán máis novo, o Camilo, ao que sempre
brother / more / new (young) / the / Camilo / to the / that / always

tacharan de parvo, dixo:
accused of (being a) fool said

"Agora vou eu aló!"
Now go I there

E, en chegando ao monte, tamén el viu o
And in arriving at the mountain also he saw the

xigante que facía o mesmo: coller unha pedra
giant that did the same grab a stone

entre as mans e, premendo, premendo, deixala
between the hands and pressing pressing letting it

caer coma se fose area.
fall as if (it) were sand

Cando isto viu, liscou cara á casa e
When this (he) saw hurried face to the house and

pediulle a súa nai unha pouca manteiga fresca.
asked her to his mother a bit butter fresh

Coa manteiga volveu ao monte en
With the butter (he) returned to the mountain in

procura do xigante. O xigante díxolle:
search of the giant The giant told him

"Se vés aquí, fágoche así!" E volveu
Yourself see here (I) do to you like this And returned

desfacer a pedra entre as mans.
to undo a stone between the hands
(to destroy)

O Camilo fíxolle fronte e díxolle:
The Camilo set him in front and told him

"Pois se ti tamén vés aquí, eu fágoche así!" E
Then if you also go here I do you like this And

apertou a manteiga entre as mans,
(he) pressed the butter between the hands

desfacéndoa.
undoing it
(destroying it)

O xigante que tal cousa viu quedou admirado
The giant that such thing saw remained admired
(admiring)

e propúxolle:
and proposed him

"Se ti queres ser o meu criado, heiche
If you want to be -the- my servant (I) have to you

pagar vinte pesos cada día pero cunha condición:
pay twenty pesos each day but with one condition

tesme que gañar en todo o que fagamos,
(you) have of me to win in all it that (we) do

senón mátote!"
if not (I) kill you

O paspán aceptou e dixo que si a todo.
The dumb one accepted and said that yes to everything

Entón o xigante falou:
Then the giant said

"Mañá pola mañá habemos vir darlle un
Tomorrow for the morning (we) have to come give it a

golpe a este penedo e veremos quen dos
hit to this rock and (we) will see who of -the-

dous lle fai un burato máis fondo."
two it makes a hole more deep

O — The
Camilo — Camilo
colleu — caught / became afraid
medo — fear
pero — but
pensou — thought
na — on the
mellor — best

maneira — way
de — of
lle — it
gañar — to win
ao — to the (from the)
xigante — giant
e, — and
cando — when

pola — by the
noite — night
foi — went
levar — to take
as — the
ovellas — sheep
á — to the
casa, — house

pediulle — (he) asked -it-
a — to
súa — his
nai — mother
que — that
lle — him
dera — gave
un — a
papel, — paper
un — a

cicel — chisel
e — and
un — a
martelo. — hammer
Coas — With the
tres — three
cousas — things
volveu — (he) returned

para — to
o — the
monte — mountain
esa — that
mesma — same
noite — night
e — and
estivo — was

furando — boring
no — into the
penedo — rock
ata — to
facer — make
un — a
burato — hole
tan — so

grande — large
que — that
podía — (he) could
meter — put
nel — into it
unha — a
man — hand
ata — up to
o — the

cóbado. — elbow
Tapou — (He) covered
o — the
burato — hole
co — with the
papel — paper
para — to
que — that (so)

non se vise e volveu para a casa coas
not itself (it) showed and returned to the house with the

ferramentas antes de se ir deitar á casa
tools before of himself go to lie down to the house

do xigante, sempre caladamente para que este
of the giant always quiet for that this

non se dese conta de nada. Ao amencer
not himself would give count of nothing At the dawn
would notice

foron os dous cara o penedo para ver quen
went the two face the rock for to see who
(towards)

era o que ía facer o furado máis grande dun
was it that went to make the hole most big of one

só golpe. E dixo o xigante:
single blow And said the giant

"Quen bate primeiro na rocha?" Camilo
Whoe strikes first on the rock Camilo

contestou que primeiro sería el e, dando
answered that first would be him and giving

co   puño onde puxera o papel, meteu o
with the fist where pushed the paper stuck the

brazo ata o cóbado.
arm up to the elbow

Despois tocoulle ao xigante e cun forte golpe
After touched it to the giant and with a strong blow
was it the turn of

só conseguiu chegar ata o pulso; rompeu os
only managed to reach up to the wrist (he) broke the

dedos e díxolle ao paspán:
fingers and said -it- to the fool

"Como fixeches ti?"
How did do you (that)

E contestou este:
And answered this (one)

"Dándolle!"
Giving him
(By really giving it to to the rock)

Aquel día gañoulle ao xigante os primeiros
That day (he) earned -it- to the giant the first
(from the)

vinte pesos, que lle foi levar a súa nai. Ao
twenty pesos that him went to take to his mother At the

día seguinte díxolle o xigante:
day next said him the giant

"Mañá imos ver quen pincha máis carballos dun
Tomorrow (we) go see who cuts more oak trees of a

só trompazo!"
sole strong blow

Aquela noite o Camilo volveu xunto da súa
That night the Camilo returned together of the his
to

nai e pediulle un serrón, e con el foi
mother and asked her a saw and with that went

serrar sete carballos, deixándoos só presos pola
to saw seven oaks leaving them only stuck by the

casca. Volveu levar o serrón á casa e
bark (He) returned to take the saw to the house and

marchou durmir á casa do xigante para que
walked to sleep at the house of the giant for that

non se dera conta de nada. Pola mañá
not himself (he) gave count of nothing For the morning

erguéronse e foron pinchar os carballos,
(they) woke themselves and went to cut the oak trees

e volveu dicir o xigante:
and returned to say the giant
the giant said again

"Ti ou eu?"
You or I

Dixo o parvo:
Said the fool

"Eu!"
I

Deulles con moita forza e tirou os sete que
(He) gave them with much force and took the seven that

tiña preparados. Despois foi o xigante e tirou
(he) had prepared After was the giant and took

tres, e díxolle ao Camilo:
three and (he) said -him- to the Camilo

"Ti pareces o Demo; sempre me gañas! Pois
You seem the devil always (of) me (you) win Then
(Well)

mañá imos a ver quen come máis papas!"
tomorrow (we) go to see who eats more potatoes

Ao día seguinte puxéronse a comer nas
At the day following (they) put themselves to eat -in- the

papas. O paspán comeu sete cuncas e o
potatoes The fool ate seven cups and the

xigante catorce. Nisto o parvo preguntoulle ao
giant fourteen In this the fool asked -it- to the

xigante:
giant

"Habemos comer máis papas?"
Have (we) to eat more potatoes

"A min aínda non me chegaron a nada" respondeu
To me still not me arrived to nothing answered

o xigante "E xa sabes, se non comes máis
the giant And already (you) know if not (you) eat more

ca   min,   só   che   queda   morrer."
than   me   only   you   remain   to die

Nisto,   o   parvo,   sen   que   o   xigante   o   vise,   foi
In this   the   fool   without   that   the   giant   it   saw   went

á   corte   dos   bois,   matou   un   e   quitoulle   o
to the   court   of the   oxen   killed   one   and   took off him   the
      (yard)

fol.   Meteuno   por   debaixo   da   camisa   e
bladder   (He) put in it   by   under   of the   shirt   and

volveu   para   cabo   do   xigante   a   seguir   comendo
returned   to   end   of the   giant   to   continue   eating

nas   papas.   O   xigante   chegou   a   comer   vinte
in the   potatoes   The   giant   arrived   to   eat   twenty

cuncas   e   o   Camilo   trinta   e   sete,   e   aínda
cups   and   the   Camilo   thirty   and   seven   and   still
{measure}

dicía   que   quería   máis   (pero   non   as   comía
said   that   (he) wanted   more   but   not   them   ate

realmente,   senón   que   as   ía   metendo   no
in reality   but   that   them   went   putting   in the

fol — bladder
que — that
lle — it
quitara — (he) took away
ao — to the (from the)
boi — ox
e — and
que — that

levaba — (he) took
moi — very
ben — well
agachado — hidden
por — for
debaixo — under
da — of the

camisa). — shirt
Nisto, — In this
o — the
xigante, — giant
que — that
xa — already
non — not
podía — could

máis, — more
díxolle: — told him

"Gañaches — (You) win
outra — (an)other
vez — time
pero — but
agora — now
heite — must you
matar — die

porque — because
non — not
has — (you) have
correr — to run
máis — more
ca — than
min!" — me

Pola — By the
mañá — morning
do — of the
día — day
seguinte — next
puxéronse — set (they) themselves
a — to

correr — run
arredor — around
dunha — of a
leira — field
de — of
pan — wheat
para — for
ver — to see
quen — who

daba — gave
antes — before
sete — seven
voltas — turns (rounds)
e — and
saber — to know
quen — who
sería — would be
o — the

vencedor. — winner
O — The
xigante — giant
corría — ran
máis — more
e — and
cando — when
o — the

Camilo chegou xunto del, xa tiña dadas tres
Camilo arrived together of him already had given three
(done)

voltas. Cerca desta leira andaba unha muller
turns Close of this field went a woman
(rounds)

segando cun fouciño e o parvo pediulle que
cutting with a sickle and the fool asked her that

llo deixara, e amosándollo ao xigante,
him (she) let (it have) and showing it to the giant

díxolle:
told him

"Agora vou abrir a miña barriga!"
Now I open the my stomach

En vez de abrir a barriga, abriu o fol
In stead of to open the stomach (he) opened the bladder

do boi que levaba escondido e así corría
of the ox that (he) carried hidden and like this ran

moito máis lixeiro. Ao ver isto, o xigante
much more light At the to see this the giant

tamén lle pediu o fouciño á muller, e abriu
also   it   asked the   sickle   to the woman and opened

a barriga, quedando morto.
the   stomach   remaining   dead

Ao final gañou o Camilo, a quen todos
At the   end   won   the   Camilo   at   whom   all

chamaban o parvo.
called   the   fool

A pantasma

A   pantasma
The   ghost

Un   domingo   no   que   o   noso home,   á   saída
One   Sunday   in the   that   the   our   man   at the   exit
              when
                     our man

da   misa, estaba de   conversa   con   outros dous
of the mass   was   of   conversation with   others   two

ou   tres   máis   sentín   que   lles   dicía,   poñendo
or   three   more   (I) heard   that   them   (he) told   putting

moito coraxe   nas   súas verbas   e   moita fereza
much   courage   in -the-   his   words   and   much   ferocity

nas   súas olladas, que   ían   de   esguello,   duns
in the   his   looks   that   went   from   askance   from ones
                                         (side to side)

para outros:
to   (the) others

"Hai   pantasmas, hai,   e   quen se   atreva a
Has   ghosts   has   and who   himself dares   to
(There are)   (there are)

me dicir que non, respondereille que mente coma
me say   that no   I will answer   that (you) lie as

unha testemuña falsa.   Téñoas   visto moitas veces,
a   witness   false   (I) have them seen many   times

moitas, con estes meus ollos que ha de comer a
many   with these my   eyes that have of to eat the

terra! Hainas grandes e pequenas, e varían de
earth Has them large and small   and vary   of
       (There are)

feitura a cada paso que dan,   como se estiveran
make   at every step that (they) give as if (they) are
(look)   (they make)

feitas de fume.   As   máis das veces,   son
made of smoke To the most of the times (they) are

longas e outras coma alciprestes, e   van
tall   and others as   cypresses   and   (they) go

vestidas con sabas de liño, limpas coma a
dressed with sheets of linen clean   as   the

propia neve.
itself   snow
snow itself

Cando camiñan non   hai   ouvido por fino que
When (they) walk not   has   hearing for end that
                        (they are)

sexa que poida sentilas; porque non pousan os
it be that could hear them because not (they) put the

pés no chan.   Vense   polas noites a carón
feet on the ground Come themselves by the nights to shell
                (They go)   (the side)

dos cemiterios, nas encrucilladas dos camiños,
of the cemeteries in the crossings of the roads

ao pé dos cruceiros, ou paseando por
at the feet of the (religious) crosses or passing for

enriba dos castiñeiros e mais dos piñeiros.
over the chestnut trees and more of the pine trees

Tamén   adoitan   verse   nas
Also   (they) frequent   to see themselves   in the

espadanas   das igrexas e camiñando, polo
tower top batiments of the churches and walking by the

día, pola cima dos salgueiros que medran nas
day by the top of the willows that grow on the

ribeiras dos ríos. Saen, pola noite, das covas
shores of the rivers (They) leave at the night the caves

dos cemiterios para ver se atopan un home
of the cemeteries to see whether (they) meet a man

de corazón que as requira e lles pregunte que
of heart that them needs and them asks what

é o que degoran, e máis o que lles fai falla;
is it that (they) degrade and more it that them makes fail
(they grieve)

pois, as máis das veces son ánimas en pena
because the more of the times (they) are spirits in pain

que andan purgando algunha cousa que fixeron
that go purging some cause that (they) did
(redeeming) (deed)

neste mundo e que non poden ter acougo no
in this world and that not (they) can take rest in the

outro mentres non diriman con misas,
other (world) while not (they) finish with masses

esmolas ou responsos o mal que deixaron feito
alms — or — answers — to the — harm — that — (they) left — made

nesta vida.
in this — life

Para requirir a unha pantasma, e preguntarlle o
To — request — to — a — ghost — and — ask him — it

que desexa, hai que ter a conciencia moi
that — (he) wants — has — that — to take — the — conscience — very

limpa; pois aquel que teña o pouco sentido de
clean — because — that one — that — has — the — little — sense — of

facelo en pecado mortal, xa se pode ir
to do it — in — sin — mortal — already — himself — can — go

preparando a que lle van chover desgrazas sobre
preparing — to — that — him — go — rain — disgraces — over

desgrazas.
disgraces

As pistolas, os revólveres, os coitelos e mais as
The — pistols — the — revolvers — the — knives — and — more — the

"gatas fouces" ningún mal lle poden facer ás
cats sickles no evil him can do the
{weapon}

pantasmas porque chuzar, ou tallar nelas é o
ghosts because stick or carve in them is the

mesmo que cortar auga ou espetar cravos nun
same that to cut water or pin pins in a
(as)

saco cheo de la. Teñen o corpo de brétema,
sack full of wool (They) have the body of mist

coma quen di, ou falando máis propiamente, non
like who says or speaking more properly not

teñen corpo, aínda que pareza outra cousa.
(they) have (a) body even that (it) seems other thing
although

Se lles peta a gana, poden enfiarse
If them knocks the lust (they) can file themselves

polo peche dunha porta, polo cano dunha
through the closure of a door through the tube of a

palla, ou polo cu dunha agulla.
straw or through the hole of a needle
(eye)

Agora que hai que andar con tino; porque co
Now that has that walk with tact because with the
  you have

achaque do medo que meten as pantasmas de
shock of the fear that put on the ghosts of
                                                      (for)

certo, tamén vos hai homes e mais mulleres;
sure also you have men and more women

xente ladra, ruín e de mal vivir, que para facer
people thievish low and of bad living that to do

algunha das súas, cobren a cara cun pano,
any of the his (they) cover the face with a cloth

botan unha saba tamén de liño ou de estopa
throw a sheet also of linen or of tow

enriba do corpo, arrecadan nunha boa estaca
over of the body gather in a nice stake

polo que poida acontecer, e aló se van
by the that can happen and there themselves go

todos polos camiños e polos curros das casas
all by the roads and by the corners of the houses

pegando brincos, dando alaridos, roubando galiñas
adding   kicks   giving screams   robbing   chickens
(giving)

e capóns, apalpando ás   mozas e agachando
and capons   groping   -to- the girls   and   hiding

debaixo da   saba todo canto   poden raspiñar.
underneath of the sheet all   how much (they) can scratch
                          all that   (steal)

Vouvos   contar   o   que   pasou   na   miña
(I) will you tell   about what happened   in -the-   my

parroquia onde   me   eu   criei,   cun   desas
parish   where myself I   grew up   with one of those

pantasmas de "así coma quen", cun   rapaciño novo,
ghosts   of   so   as   who   with a young boy   new

de quen   deran   en dicir por aló que   era   un
of whom (they) gave in saying for that that (he) was a

cagán   cheo de medo; pero a   xente   estaba nun
coward   full of fear   but the people   were   in a

erro   ao   pensar daquela maneira porque, en
fault to -the- thinking of that   manner   because   in
                         (in that)

vez de medo, o que tiña o rapaz era un corazón
stead of fear it that had the boy was a heart

moi ben posto no seu sitio, como ides ver
very well placed in -the- its site as (you) go see

agora.
now

Era nunha fiada e xuntárase moita
(He) was in a feast and there was gathered a lot

familia.
(of) family

Os mozos e mais as mozas estaban de broma
The boys and more the girls were of joke
in a joking mood

e para rir un pouco e divertírense unha
and to laugh a bit and amuse themselves a

miga, trazaron de argallar algunha trangallada,
spell (they) designed of to plan some trifle

das que é costume armar nas fiadas e
of those that is habit to produce on the feasts and

máis **nas** **tascas** **do** **liño. Ben,** **agora** **iso**
more in the combings of the linen Well now this
(in those of the)

xa **non** **se** **estila, pero** **no** **meu** **tempo** **si.**
already not itself distills but in the my time yes

Un **dos** **mozos,** **o** **máis** **chufón** **de** **cantos** **había**
One of the boys the most show off of those (it) had
(joker) (there was)

na **fiada, dixo** **de** **pronto** **botando** **miradas**
on the party said of immediately throwing glances

maliciosas **arredor** **de** **si:**
malicious around of himself

"Ímoslle **dicir** **a** **Fulaniño** **que** **se** **nos** **vai** **por** **unha**
(We) go him say to Fulanino that if we go for a
Let's tell

ola **de** **viño** **para** **todos,** **el** **non** **entra** **no** **escote**
pot of wine for us he not enters in the share

do **que** **haxa** **que** **pagar. El** **há** **dicir** **que** **si;**
of it that (he) has to pay He has to say -that- yes

porque, **do** **que** **é** **mal,** **non** **vos** **ten** **unha** **mala**
because of it that is bad not you have a bad

cadela   e   o   viño...   gústalle.   E   ao   que   marche,
bitch   and   the   wine   enjoy it   And   at it   that   (he) walks
(female dog)

vou   eu,   e   agárdolle   á   volta,   no   adro,   diante
go   I   and   keep him   to/(a-)   round   in the   yard   in front

da   igrexa,   vestido   de   pantasma   cunha   xesta   na
of the   church   dressed   of   ghost   with a   broom   in the

man   e   cun   cabazo   furado,   en   feitura   de
hand   and   with a   basket   holed   in   makeup   of

"caveira"   enriba   da   cabeza.   Dentro   do   cabazo
skull   on top   of the   head   Of inside   of the   head

hei   meter   unha   candea   acesa   para   que   saia   a
(I) have   put   a   candle   lit   for   that   exits   the
            (shines)

luz   polos   buratos   das   ventas,   da   boca   e
light   through the   holes   of the   nostrils   of the   mouth   and

mais   dos   ollos,   xa   veredes   que   canguelo   vai
most   of the   eyes   already   (you) will see   what   fear   goes

pillar   ese   "cu   de   medo".   Imos   esbourar   coa
catch   this   ass   of   fear   (We) go   explode   with the
(cause)

risa.   Que vos parece a miña idea?"
laughter What you seem the my   idea

"Parécenos ben, parécenos ben!   Es   o   demo,
Seems us   good seems us good (You) are the demon

Farruco,   es   o   mesmo   perello!"   Dixeron
Farruco (you) are the same   puck   (They) spoke
                        (very) (mischievous sprite)

todos,   dándolle golpillós   uns   ás   outras,
all   giving it knocks   (the) ones to the others

caendo mesturados na palla e envorcallándose
falling   mingled   in the straw and knocking eachoter over

nela coma bacoriños novos, mentres   rían
in it   as piglets new(born) while (they) laughed

as gargalladas.
to the gales of laughter

E   sen   agardar máis, dixéronlle a Fulaniño,
And without waiting more (they) told it the Fulanino

aínda non ben entrou na corte, que   fora
even not well entered in the yard that (he) went
                                        (he should go)

polo viño. E Fulaniño, que era ben guiado, foi
for the wine And Fulanino that was well guided was

e de alí a un pouquiño tamén saíu o chufón
and of there to a bit also knew the joker

detrás vestido de pantasma, disposto a agardalo
behind dressed of ghost disposed to await him

enriba da cerca do cemiterio; pois para ir
on top of the enclosure of the cemetary because to go

á taberna había que pasar forzosamente por
to the tavern had to pass forcibly by

alí.
there

Fulaniño, que aínda era case un neno, non tardou
Fulanino that still was almost a child not delayed

en facer o mandado. pois ao cabo de
in making the request because at the end of
(executing)

media hora escasa, estaba xa de volta cunha
half (an) hour scarcely (he) was already of turn with a
returned

xerra	na	man,	que	levaba	xustamente	unha	ola
pitcher	in the	hand	that	carried	exactly	a	pot

de	viño.	Aínda	ben	non	tripara	o	limiar	da
of	wine	Still	well	not	tripped	the	threshold	of the

porta,	e	se	metera	dentro	da	corte,
door	and	himself	set	inside	of the	yard

rodeárono	os	mozos	e	máis	as	mozas,	e
surrounded	the	boys	and	more	the	girls	and

deron	en	preguntarlle,	facendo	grandes	esforzos
(they) gave	in	to ask him	making	great	forces

para	non	estoupar	coa	risa,	se	lle	pasara
for	not	to explode	with	laughter	whether	him	passed

algo	no	camiño	pois	parecía	que
something	on the	road	because	(it) appeared	that

tremía	un	pouco	e	que	non	tiña	moi	boa
(he) trembled	a	bit	and	that	not	(he) had	very	good

cara,	el	respondeu,	xurando	que	nada	malo	lle
face	he	answered	swearing	that	nothing	bad	him

acontecera no tempo que estivera fóra. E non
happened in the time that (he) was outside And not

faltou quen lle sentira rosmar polo baixo, cal se
lacked who him heard grunt by the low as if
(mutter) at a low voice

falara con el mesmo. "Din que teñen o
(he) talked with him self (They) say that (they) have the

corpo de brétema; pois, eu poñería o pescozo
body of mist because I would put the neck

nun picadeiro asegurando que o teñen de carne
in a saw-horse assuring that it (they) have of flesh

e óso como calquera fillo de nai".
and bone as any child of (a) mother

Pasou un bo anaco, franquearon a porta outra
Passed a good piece crossed the door (an)other
(was entered into)

vez, e nela... Já, já, já,! Presentouse o chufón
time and in that Ay ay ay Presented himself the joker

con dous potes coma dous puños, un de cada
with two bumps as two fists one of each

banda **da** **testa,** **e** **de** **por** **partes,** **sangrando**
side   of the   head   and   of   by   parts   bleeding

polas **ventas, coma un carneiro.**
through the   nostrils   like   a   ram
                                  (male sheep)

Daquela, si, daquela si que foi cando esbouraron
Of that   yes   of that   yes   that   was   when   (they) exploded

coa **risa** **todos** **cantos** **estaban** **presentes** **na**
with the   laughter   all   whom   were   present   on the

fiada.
party

O **chufón** **dixo,** **para** **se** **desculpar,** **que**
The   joker   said   to   himself   excuse   that

esborrexera **ao** **querer** **baixar** **un** **pasadoiro,**
(he) tumbled   at the   wanting   to lower   a   stepping stone
                                  (to go down)

pero non houbo quen lle dera creto.
but   not   (it) had   whom   him   gave   credit

Aquí rematou o conto o Mariano gardando no
Here   ended   the   story   the   Mariano   keeping   in the

peto **do** **chaleco** **unha** **punta** **apagada,** **e**
pocket   of the   vest   a   tip (of cloth)   off   and
(discolored)

foise **dicindo** **con** **moita** **proa.** **"O** **neno** **que**
was himself   saying   with   much   (ships) bow   The   child   that
(pride)

foi **polo** **viño** **pareceume** **que** **non** **está** **moi**
went   for the   wine   seems to me   that   not   (he) is   much
(very)

lonxe **de** **vos".**
far   from   you

Lorenzo Huerta: Un verdugo de lenda no Mondoñedo do s. XIX

Lorenzo	Huerta:	Un	verdugo	de	lenda	no
Lorenzo	Huerta	An	executioner	of	legend	in -the-
		A legendary executioner				

Mondoñedo	do	s.	XIX
Mondonedo	of the	century	19th
	of the 19th centuryof the 19th century		

Lorenzo	Huerta,	o	verdugo	que	aplicou	a
Lorenzo	Huerta	the	executioner	that	applied	the
				(who)	(gave)	

pena	de	morte	aos	reos	condenados	por
penalty	of	death	to the	defendants	condemned	for
death penalty						

dous	grandes	crimes	ocorridos	na	comarca
two	great	crimes	(that) happened	in the	region

mindoniense	no	século	XIX,	é	agora	o	espectro
(of) Mindonia	in the	century	19th	is	now	the	ghost

protagonista dunha curiosa lenda urbana na
protagonist of a curious legend urban in the
urban legend

cidade de Granada.
city of Granada

Lorenzo Huerta foi un dos verdugos máis
Lorenzo Huerta was one of the executioners most

célebres, recoñecido como mestre por algúns dos
famous recognized as master by some of the

xusticeiros máis destacados de finais do XIX
justices most prominent of the end of the 19th
(jurists)

e principios do XX. Exerceu a súa
and beginnings of the 20th (century) (He) exercised -the- his

arte en diferentes puntos da península, entre
art in different points of the peninsula among
(places)

eles Mondoñedo, sendo titular das audiencias de
them Mondonedo being holder of the hearings of

Burgos e Valladolid e, segundo algúns
Burgos and Valladolid and according to some

estudosos, tamén das de Granada e Sevilla.
scholars   also   of those   of   Granada   and   Sevilla

Nunca esquecía levar canda si un caneco con
Never   forgot   to take   with   himself   a   mug   with
     (caneca)

augardente para darse ánimos mentres
liquor   to   give himself   spirits   while
(water-burning)   (strength)

exercía o seu tétrico traballo.
(he) exercised -the- his   grim   job

En atención aos seus notables méritos foi
In   attention   of the   his   notable   merits   (he) was
  (recognition)   (of)   (deeds)

coñecido como "Mestre Lorenzo" e "Cortacabezas".
known   as   Master   Lorenzo   and   Cut-heads

En 1890 contaba 61 anos de idade, levaba 27 no
In   1890   counted   61   years   of   age   carried   27   in the

oficio e sumaba xa 89 execucións.
office   and   summed (up)   already   89   executions

Discípulos seus foron Nicomedes Méndez e
Disciples   (of) his   were   Nicomedes   Mendez   and
(Pupils)

Gregorio Mayoral, o verdugo que exerceu o
Gregorio Mayoral the executioner that exercised the
(who)

oficio en España durante máis tempo, nada menos
office in Spain during more time not less
(a longer time)

que entre 1892 e 1928.
than between 1892 and 1928

Suponse que naceu nalgún lugar de Asturias
Supposed that (he was) born in some place of Asturias
(It is assumed)

arredor do ano 1829 pero non consta cando
around of the year 1829 but not is known when

nin onde morreu. Se é que morreu de
neither where (he) died If (it) is that (he) died of

todo, polo que máis adiante contaremos.
everything for -the- that more ahead (we will) tell
about which we will tell later

Sobre a pena de morte e o garrote vil
About the penalty of death and the garrote despicable
strangle device

A pena de morte a garrote estivo vixente
The penalty of death at garrote was in force
with strangling device

en España e, en diferentes períodos, nas colonias
in Spain and in different periods in the colonies

americanas, desde 1820 ata 1995, aínda que a
Americans from 1820 until 1995 even that the
although

Constitución de 1978 a deixou practicamente
Constitution of 1978 it left practically
(virtually)

abolida. A máquina coñecida como garrote é un
abolished The machine known as garrote is an

artefacto sinxelo de madeira cun colar de ferro
artifact simple of wood with a collar of iron
(device)

que ao ser atravesado por un parafuso causa
that at the being crossed through a screw causes

a morte do reo, as máis das veces
the death to the defendant to the most of the times

lentamente e con moito sufrimento. O invento é
slowly and with much suffering The invention is

dos tempos de Roma e chamábase "iaqueus".
from the times of Rome and was called Yakus

O — rei — Fernando — VII — prohibiu — en — 1832 — aplicar
The — king — Fernando — VII (the seventh) — forbade — in — 1832 — to apply

a — pena — de — morte — na — forca — e — obrigou — a
the — penalty — of — death — on the — gallows — and — obliged (made mandatory) — to

facelo — no — garrote, — considerándoo — un — "beneficio"
do it — on the — garrote — considering it — a — benefit

que — decidiu — outorgar — con — ocasión — do
that — (he) decided — to grant — with (on) — occasion — of the

aniversario — da — raíña, — a — súa — moi — amada — esposa.
anniversary — of the — queen — -the- — his — much — beloved — wife

O — anarquista — catalán — Salvador — Puig — Antich — e — o
The — anarchist — Catalan — Salvador — Puig — Antich — and — the

delincuente — alemán — Georg — Michael — Welzel,
delinquent — German — Georg — Michael — Welzel

executados — nun — garrote — en — 1974 — en — Barcelona — e
executed — in a — garrote — in — 1974 — in — Barcelona — and

Tarragona — respectivamente, — foron — os — últimos
Tarragona — respectively — were — the — last (ones)

axustizados — adjusted (subjected)
en — in (to)
tan — such
cruel — cruel
tormento. — torment
A — The

denominación — denomination (name)
"garrote — garrote
vil" — vil
vennos — come to us
da — from the

Idade Media, — Age Middle / Middle Ages
de — from
cando — when
se — itself
tiña — had
a — the
deferencia — deference (politeness)
de — of

executar — to execute
aos — -to- the
nobres — nobles
por — by
decapitación, — decapitation (beheading)
e — and
aos — to the

vilegos — villagers
cun — with a
garrote, — garrote
ou — or
sexa, — be it
cun — with a
pau — pole (stick)
co — with
que — that

se — itself
propinaba — tipped
un — a
mocazo; — bump
e — and
este — this
é — is
o — the

precedente — precedent
que — that
dá — gave
nome — name
a — to
este — this
invento — invention
do — of it
que — that

falamos, — (we) are talking about
que — that
causa — causes
a — the
morte — death
por — by

estrangulamento. — strangulation

Un verdugo simpático e perfeccionista
An executioner sympathetic and perfectionist

Lorenzo Huerta era baixo de estatura, de ollos
Lorenzo Huerta was low of stature of eyes
(short) (height) (with)

pequenos pero moi vivos e azuis, de carácter
small but much alive and azure of character
(blue)

simpático e moi relixioso. Noutras descricións
sympathetic and much religious In other descriptions
(very)

que del se fan dise que é un tipo de
that of him itself are made is said that (he) is a type of

aspecto rudo e vulgar pero riseiro, amable e
aspect rough and vulgar but smiling kind and

educado, sen chegar a inspirar repugnancia. O
educated without to arrive to inspire repugnance The
(disgust)

nariz afiado, máis gordo ca delgado, con pouco
nose sharpened more thick than thin with little
(sharp)

e abrancazado cabelo. Era casado, non sabía
and blanched hair (He) was married not knew
(whitened)

ler — to read
nin — nor
escribir, — to write
e — and
tampouco — neither
falaba — spoke
castelán. — castelan

Sendo — Being
de — of
orixe — origin
asturiana — Asturian
e — and
contando — counting
no — on
seu — his

repertorio — repertoir
léxico — lexical
con — with
palabras — words
como — as
"audencia", — audience {ga: audiencia}

"upa" — hop!
e — and
"precuraré" — precure
non — not
podemos — (we) can
descartar — discard
que — that

nacese — (he) was born
nalgunha — in some
comarca — region
asturiana — Asturian

galegofalante. — Galician-speaking
O — The
seu — his
tema — theme
de — of
conversa — conversation
preferido — preferred

His favorite conversational subject

era — was
o — -the-
seu — his
propio — own
oficio, — office (job)
e — and
seica — maybe (it may be)
presumía — presumed
de — -of-

que — that
moitos — many
dos — of the
instrumentos — instruments
que — that
usaba — (he) used
eran — were

produto — product
do — of
seu — his
enxeño. — ingenuity

Crese que a primeira execución que
(It) is believed that the first execution that

realizou foi en Tortosa onde pasou a garrote
(he) realized was in Tortosa where (he) passed the stick
(he applied)

a un tal Tomás Sierra. Entre os condenados
to a such Thomas Sierra Among the condemned
someone named

de sona que eliminou están Juan Díaz de
of repute that (he) eliminated were Juan Diaz of

Garayo, o "Sacamanteigas" alavés executado en
Garayo the steal-butter from Álava executed in
butter thief

1881, condenado por violar e matar a media
1881 condemned for rape and killing to half
(of)

ducia de mulleres entre os anos 1870 e 1879.
(a) dozen -of- women between the years 1870 and 1879

Pío Baroja, en "La familia de Errotabo", atribúelle
Pio Baroja in The family of Errotabo attributes

erroneamente esta execución ao seu discípulo
in error this execution to -the- his disciple
(pupil)

Mayoral, sen saber que Huerta estreou na
Mayoral without to know that Huerta debuted on the

ocasión un garrote da súa invención.
occasion a garrote of -the- his (own) invention

Segundo algunhas referencia, o 14 de xuño de
According to some reference on 14 of June of

1884 estaba en Jérez de la Frontera participando
1884 (he) was in Jerez of the Border participating

con outros verdugos na execución de sete
with other executioners in the execution of seven

membros dunha suposta trama anarquista secreta,
members of a supposed plot (of) anarchist secret
secret anarchist group

moi violenta, que actuara por Andalucía entre
very violent that acted by Andalucia between
(was active) (in)

1880 e 1882 baixo a denominación de
1880 and 1882 under the denomination of
(name)

"A Man Negra".
The Hand Black
The Black Hand

Tamén entregou a vida no seu garrote (ou
Also gave the life in -the- his garrote or

na forca, non está clara esta circunstancia)
in the gallows not is clear this circumstance

Toribio Eguía en 1885, en Pamplona, autor confeso
Toribio Eqguia in 1885 in Pamplona author confessed

da morte dun crego e da súa ama, en
of the death of a priest and of -the- his mistress in

Atondo, Navarra. Pío Baroja foi testemuña desta
Atondo Navarra Pío Baroja was witness of this

execución e anos despois lembraba como o
execution and years after remembered how the

verdugo, que ía a pé e braceando detrás do
executioner that was on feet and braced behind of the

carro onde levaban o reo ao patíbulo,
cart where (they) carried the defendant to the scaffold
(condemned)

vestido como un campesiño, pantalón curto,
dressed as a peasant pants short

chaqueta curta e sombreiro ancho. O que máis
jacket short and hat wide It that most

sorprendeu ao mozo Pío, tería entón 12 ou
surprised to the young Pio would have then 12 or
who would have been

13 anos, foi a tranquilidade coa que o
13 years was the calmness with the that the
with which

verdugo lle explicaba ao público algúns detalles
executioner it explained to the public some details

da faena.
of the task

En Valladolid, en 1891, executou os dous amantes
In Valladolid in 1891 (he) executed the two lovers

de Erbeda condenados por mataren ao marido
of Erbeda condemned for killing to the husband

dela, historia que aproveitou Emilia Pardo Bazán
of her history that took advantage of Emilia Pardo Bazan

para escribir a novela "A pedra angular". Nesta
to write the novel The stone angular In this
cornerstone

execución	parece	que	Huerta	ao	aplicar
execution	(it) seemed	that	Huerta	at the	application

garrote	ao	reo	tardou	máis	do
(of the) garrote	to the	defendant (condemned)	delayed	more	than the

habitual	e	foi	recriminado	polas	8.000	persoas
usual	and	was	recriminated	by the	8000	persons

que	presenciaban	o	acto.
that	presented	(in) the	act

Aínda	que	os	datos	son	contraditorios,	o	xornal
Even Although	that	the	dates	are	contradictory	the	journal

salmantino	"El	Fomento"	atribúelle	a	execución,
(from) Salmantino	El	Fomento	attributes	the	execution

sen	precisar	máis,	de	sete	reos	dunha
without	to specify	more	of	seven	condemned	of one

sentada.
seating (sentence)

Huerta	en	Mondoñedo	en	1890
Huerta	in	Mondonedo	in	1890

Desde o 12 de novembro de 1849, data na que
From the 12th of November of 1849 date on the that
on which

aplicara a pena de morte en Mondoñedo a
(he) applied the penalty of death in Mondonedo to

Felipe Iravedra, condenado pola morte do seu
Felipe Iravedra condemned for the death of the his

pai Rosendo (hai algunha vaga referencia a que
father Rosendo has some vague reference to that
(there is)

puido haber outra execución en 1850
(there) could have (been) (an)other execution in 1850

contra o autor da morte do crego de Aldurfe,
against the author of the death of the priest of Aldurfe

de Riotorto), non presenciara Mondoñedo tan
of Riotorto not presented Mondonedo such
Mondonedo had not witnessed

macabro espectáculo.
macaber spectacle

Corenta anos despois, en marzo de 1890, Lorenzo
Forty years after in March of 1890 Lorenzo

Huerta viaxa por primeira vez a Mondoñedo. En
Huerta travelled for (the) first time to Mondonedo In

principio, os reos para executar eran seis,
principle the defendants to execute were six
(condemned)

cómplices pola morte do párroco de Santa
accomplices for the murder of the parish priest of Santa

Cruz do Valadouro e de tres dos seus criados,
Cruz of the Valadouro and of three of the his servants

acontecida o 20 de novembro de 1888.
occurred the 20th of November of 1888

Era moito traballo para un só verdugo
(It) was much work for a single executioner
(a lot of)

polo que se citou a Xosé Mayer, outro colega
for it that himself cited the Jose Mayer other colleague
as was professed by

procedente da Coruña. Mentres se facían
coming from the Coruna While itself were made

os preparativos para a execución, os reos
the preparations for the execution the defendants
(condemned)

agardaban a contestación definitiva a unha
waited the answer final to a

súplica de indulto trasladada ao rei e á
plea of pardon transferred to the king and to the
(made)

rexente.
regent

Os reos chamábanse Ramón Seivane Gavisa,
The defendants were called Ramon Seivane Gavisa

Manuel Logilde Castrillón, Xosé Fernández Alonso,
Manuel Logilde Castrillon Jose Fernandez Alonso

Xosé Lindín Rigueiro, Ramón Seco García e Xosé
Jose Lindin Rigueiro Ramon Seco Garcia and Jose

Gavín Brañas. Todos eran naturais do concello
Gavin Branas All were natives of the municipality

da Pastoriza e deles o de maior idade era
of Pastoriza and of them the of major age was
the oldest

Logilde, pai de sete fillos con tan só 30 anos.
Logilde father of seven children with such just 30 years

Ademais, no momento de cometeren os crimes,
In addition   in the   moment   of   committing   the   crimes

era concelleiro no seu concello natal.
(he) was   councilor   in -the-   his   municipality   native

O 25 de marzo, o verdugo Huerta xa
The   25th   of   March   the   executioner   Huerta   already

estaba en Mondoñedo aínda que o seu colega
was   in   Mondonedo   even   that   -the-   his   colleague
although

procedente da Coruña non debeu chegar ata o
coming   from   Coruna   not   have   to arrive   until   the

26. Algúns mindonienses confundiron ao
26th   Some   Mindonians   confused   -to- the

xornalista Adán Berned, un enviado especial do
journalist   Adam   Berned   a   envoy   special   of the

xornal madrileño "La Correspondencia de España",
journal   from Madrid   The   Correspondent   of   Spain

co verdugo coruñés.
with the   executioner   from Coruna

O día 28 de marzo, mentres Huerta tomaba
The day 28th of March while Huerta took

medidas para fabricar os "banquillos", Logilde
measures to create the little benches Logilde

díxolle: "Non me poña preta a gravata: teño
said Not me put close to noose (I) have

anxinas e pode facerme dano". Este mesmo día,
anxieties and can do myself harm This same day

cando os verdugos se retiran despois de
when the executioners themselves retired after of

erguer un cadafalso dun metro de altura e seis
raising a scaffold of a meter of height and six

paus en liña mirando ao sur, a xente
sticks in line watching to the south the people
(feet) (width)

insultábaos e tiráballes talos de hortalizas e
insulted and pelted at them stalks of vegetables and

inmundicias.
filth

Chove torrencialmente en Mondoñedo. O
(It) rained torrentially in Mondonedo The

verdugo chegado da Coruña síntese indisposto
executioner arrived from Coruna felt indisposed

pero Huerta non ten reparo en apandar el só
but Huerta not has objection in to deal himself only

coa execución dos seis reos.
with the execution of the six defendants (condemned)

Sen embargo, xa circulan rumores de
Without embargo already (there) circulated rumors of
However

que cinco dos condenados poden ser indultados.
that five of the condemned could be pardoned

Nada oficial naquela hora.
Nothing official in that hour

A partir das tres da madrugada do día
At leaving of the three of the morning to the day
From

29, a xente (viñan do Valadouro e
(of the) 29th the people coming from the Valadouro and

da   Pastoriza sobre todo) amoreábase polos
from the Pastoriza above all milled themselves before the

arredores do cárcere e do cadafalso situado
surroundings of the prison and of the scaffold situated

no Campo da Feira dos Remedios. Os que
on the Field of the Feast of the Remedies Those that

teñen casa con ventás con boas vistas, alúganas
have house with windows with good views rent out them

a bo prezo. Ás cinco e oito minutos,
at good price At the five (hours) and eight minutes

por fin, chega un telegrama que comunica o
by end arrived a telegram that communicated the
finally

indulto pero só para cinco dos reos.
pardon but only to five of the defendants
(condemned)

Na listaxe dos que se libran do
On the list of those that themselves freed from the

garrote non está Manuel Logilde que será,
garrot not was Manuel Logilde that would be

por tanto, executado ás oito horas e cinco
for so much / therefore — executed — at the — eight — hours — and — five

minutos daquel sábado, 29 de marzo de 1890.
minutes — from that — Saturday — 29th — of — March — of — 1890

Doce mil almas presenciaron o horroroso
Twelve — thousand — souls — presented (were present at) — the — horrible

espectáculo, traballo polo que os verdugos
spectacle — work — for it / for which / that — the — executioners

presentaron unha factura de 700 pesetas.
presented — an — invoice — of — 700 — pesetas

Huerta volve a Mondoñedo en febreiro 1893
Huerta — returns — to — Mondonedo — in — February — 1893

Logo duns días de retraso por mor de non
After — of a (few) — days — of — delay — for — cause — of — not

contar coa forza pública necesaria, o 21 de
count — with the — force — public — necessary — the — 21st — of

febreiro de 1893 Lorenzo Huerta volve axustizar
February — of — 1893 — Lorenzo — Huerta — returns — to adjust

en Mondoñedo. Desta volta os reos chámanse
in Mondonedo Of this time the defendants were called
(condemned)

Manuel Rivas, un mozo alto e delgado, de 23 ou
Manuel Rivas a boy tall and slim of 23 or

24 anos, e Manuela Vidal, unha muller de 39 ou
24 years and Manuela Vidal a woman of 39 or

40 anos, boa e brava moza, astuta e
40 years beautiful and tough girl astute and

intelixente, atopados ambos culpables en diferente
intelligent found both guilty in different

grao de dar morte ao marido dela, de nome
degree of to give death to the husband of her of name

Juan Paz. O matrimonio emigrara a Sudamérica,
Juan Paz The married couple emigrated to South-America

probablemente a Uruguai, pero regresaran,
probably to Uruguay but returned

Manuela primeiro e o marido despois.
Manuela first and the husband after

Vítima e asasinos, ao parecer amantes, eran
Victim and assassins at the seeming lovers were
apparently

naturais e veciños de Sasdónigas, parroquia
natives and neighbors of Sasdonigas parish

mindoniense lindeira coa de Galgao do
Mindonian lined up with the of Galgao of the
(with that)

concello de Abadín. A principal testemuña do
municipality of Abadin The main witness to the

crime foi unha filla de Manuela e Juan que
crime was a daughter of Manuela and Juan that
(who)

compartía cuarto cos pais a fatídica noite
shared quarter(s) with the parents the fatal night
(room)

do 21 de outubro de 1891. A nena, tería
of the 21st of October of 1891 The girl would have

entón uns oito anos, facéndose a durmida evitou
then some eight years made herself to sleeping avoided

que Manuel Rivas, o brazo criminal, a matase
that Manual Rivas the brazen criminal to be killed

canda o seu pai.
when the her father
along withher father

A solicitude de indulto foilles denegada. O
The request of pardon were denied The

cadafalso situouse no mesmo lugar que en 1890.
scaffold was situated in the same place that in 1890
(as)

O día da execución tamén chovía arreo e o
The day of the execution also rained heavily and the

vento bruaba endemoñado; quizais por iso só
wind blew devilish maybe for this only

asistiron á función unhas dúas mil persoas.
assisted at the show some two thousand persons
(were present)

Auxiliou ao verdugo Huerta un espontáneo, un
Helped to the executioner Huerta a volunteer a

tipo de Valladolid que casualmente andaba por
type from Valladolid that coincidentally walked by
(guy) (who)

Mondoñedo vendendo coplas e novelas do
Mondonedo selling songs and novels of the

"xénero forte". Ás 8 horas e seis minutos
genre strong At -the- 8 hours and six minutes

xa eran cadáveres os dous condenados.
already were dead bodies the two condemned

Alguén reparou en que Manuel Rivas asistira á
Someone noticed in that Manuel Rivas assisted to the
(watched) (the)

execución de Logilde o 29 de marzo de 1890
execution of Logilde the 29th of March of 1890

subido a unha árbore que nesta ocasión
climbed (in)to a tree that on this occasion

ninguén ousou ocupar. O custo da execución
no-one dared to occupy The cost of the execution

foi neste caso de 576,12 pesetas, minuta
was in this case -of- 576.12 pesetas (lawyer) invoice

da que o Estado achegaría tan só o un
of the that the State contribute so only -the- one
of which

por cento.
per cent
percent

O espectro dun verdugo en Granada
The ghost of an executioner in Granada

Tivo que pasar case un século para termos novas
Had that to pass almost a century for notices new
There had to pass

de Lorenzo Huerta. Apareceuse en Granada en
from Lorenzo Huerta (He) appeared in Granada in

1988, e desde entón deixase ver
1988 and from then let himself see

de cando en cando polos corredores e salóns
from when in when by the corridors and salons
from time to time

da antiga Real Chancelería (actual Pazo de
of the old Real Chancery now Palace of

Xustiza) daquela cidade.
Justice of that city

Quen contemplou a visión nun atardecer da
Who contemplated the vision on a morning of the
(saw)

primavera de 1988 foi unha señora da limpeza
spring of 1988 was a lady of the cleaning
cleaning lady

que describiu os movementos dun corpo en
that described the movements of a corps in
(who)

levitación, co rostro lívido e as concas dos
levitation with the face livid and the sockets of the

ollos baleiras, vestido con capa española e
eyes empty dressed with a cape spanish and

cuberto con sombreiro de ala ancha, ambas
covered with a hat of brim wide both

prendas de cor negra e de uso frecuente entre
garments of color black and of use frequently between

algúns verdugos españois dos ss. XIX e XX.
some executioners spanish of the centuries 19th and 20th

Aquel día, a visión desapareceu pola porta
That day the vision disappeared though the door

do mesmo cuarto onde gardaban as
of the same quarter where (they) guarded the
(room) (were stored)

ferramentas os verdugos de antano. Neste
tools from the executioners of old In this

mesmo edificio, ademais, aínda se conserva como
same building in addition still itself conserves / is kept as

peza de museo un garrote que se usou alí
piece of museum a garrote that itself used / was used there

desde mediados do s. XIX ata mediados
from middles (the middle) of the century 19th until middles (the middle)

do XX para quitar a vida aos reos
of the 20th to take the life to the (of the) defendants

condenados a morte.
condemned to death

Non é preciso acreditar cegamente nestas
Not (it) is necessary to believe blindly in these

fantasías pero convén lembrar que só
fantasies but convenes / it should be remembered to remember that only

houbo dous ou tres verdugos en Granada
(there) had (been) two or three executioners in Granada

que vestiran desa guisa. Un foi o último que
that dressed this guise One was the last that

exerceu na cidade, Bernardo Sánchez Bascuñana,
exercised / in the / city / Bernardo / Sanchez / Bascunana

desde 1949 a 1972, e o outro foi o noso
from / 1949 / to / 1972 / and / the / other / was / -the- / our

protagonista, Lorenzo Huerta.
protagonist / Lorenzo / Huerta

Tamén hai quen cre que o fantasma pode
Also / has / who / believe / that / the / phantasm / could
there are those who / / / / / (ghost)

pertencer a Lorenzo González Álvarez, un
belong / to / Lorenzo / Gonzalez / Alvarez / a

baionés que exerceu alí o oficio de
native from Baion / that / exercised / there / the / office / of
/ / / / / (job)

verdugo na última década do s. XIX. Foi
executioner / in the / last / decade / of the / century / 19th / Was

cesado no cargo en xaneiro de 1900 por falta de
ceased / in the / load / in / January / of / 1900 / for / lack / of
(dismissed) / (job)

aptitude física. Claro que este individuo, tendo en
aptitude / physical / Clear / that / this / individual / taking / in
(fitness)

conta	que	pillou	do	premio	"gordo"	co	que
account	that	(he) won	of the	prize	fat	with it	that

foi	favorecida	a	cidade	de	Granada	no	sorteo
was	favored	the	city	of	Granada	in the	sorting (raffle)

da	lotería	celebrado	o	10	de	outubro	de	1900,
of the	lottery	celebrated (famous)	the	10th	of	October	of	1900

tampouco	tería	necesidade	de	reaparecer	desta
neither	would have	need	of	to reappear	of this

maneira.
manner

Sexa	como	for, {fora}	o	número	premiado	naquel	entón
be it	as	was the	the	number	awarded	in that	then

foi	o	3.125	e	o	importe	total	do	premio
was	-the-	3,125	and	the	amount	total	of the	prize

240.000	pesetas.
240,000	pesetas

www.ingramcontent.com/pod-product-compliance
Lightning Source LLC
LaVergne TN
LVHW011327080426
835513LV00006B/223